ÉTUDES DE PHILOSOPHIE NATURELLE
2me SÉRIE : No 10

ÉLÉMENTS
DE
PSYCHOLOGIE MATHÉMATIQUE
(Avec Planche)

PAR

J.-ÉMILE FILACHOU
Docteur ès-Lettres.

Omnia in mensurâ et numero.
Sap. XI, 21.

MONTPELLIER
Félix SEGUIN, Libraire-Éditeur
Rue Argenterie, 25.

PARIS
DURAND & PEDONE-LAURIEL
Rue Cujas, 9.

1877

Suite des Ouvrages du même Auteur

N° 6. Sens et rationalité du dogme eucharistique. 1 vol. in-12. 1872.

N° 7. Démonstration psychologique et expérimentale de l'existence de Dieu. 1 vol. in-12. 1873.

N° 8. De l'ordre et du mode de décomposition de la lumière par les bords minces. 1 vol. in-12.

N° 9. Le système du monde en quatre mots. 1 vol. in-12.

N° 10. Classification raisonnée des Sciences naturelles. 1 vol. in-12.

2ᵉ Série : N° 1. La mécanique de l'esprit conforme aux principes de la classification rationnelle. 1 vol. in-12.

N° 2. Organisation et unification des sciences naturelles. 1 vol. in-12.

N° 3. L'Histoire naturelle éclairée par la théorie des axes (avec planche). 1 vol. in-12.

N° 4. La mécanique de l'esprit par la trigonométrie. 1 vol. in-12.

N° 5. La Classification rationnelle et le Calcul infinitésimal. 1 vol. in-12.

N° 6. La Classification rationnelle et la Phénoménologie transcendante (avec planche). 1 vol. in-12.

N° 7. La Classification rationnelle et la Géologie (avec planche). 1 vol. in-12.

N° 8. La Classification rationnelle et la Pragmatologie psychologique. 1 vol. in-12.

N° 9. La Classification rationnelle et la Pneumatologie mécanique. 1 vol. in-12.

Montpellier.— Typogr. Boehm et Fils.

En Vente chez SEGUIN, Libraire
rue Argenterie, 25, à Montpellier

OUVRAGES DU MÊME AUTEUR

Examen de la rationalité de la Doctrine Catholique. 1 vol. in-8°. 1849.

La clef de la Philosophie, ou la vérité sur l'Être et le Devenir. 1 vol. in-8°. 1851.

Traité des Facultés. 1 vol. in-8°. 1859.

De Categoriis. Dissertatio philosophica. 1 vol. in-8°. 1859.

Principes fondamentaux de Philosophie mathématique. 1 vol. in-8°. 1860.

De la pluralité des mondes. 1 vol. in-12. 1861.

Traité des Actes, Sommaire de Métaphysique. 1 vol. in-12. 1862.

ÉTUDES DE PHILOSOPHIE NATURELLE.

N° 1. Système des trois règnes de la nature. 1 vol. in-12. 1864.

N° 2. Réponse directe à M. Renan, ou démonstration philosophique de l'incarnation. 1 vol. in-12. 1864.

N° 3. De l'expérience de Monge au double point de vue expérimental et rationnel. 1 vol. in-12. 1869 (3e édition).

N° 4. De l'ordre et du mode de décomposition de la lumière par les prismes. 1 vol. in-12. 1870.

N° 5. De l'ordre et du mode de décomposition de la lumière par les prismes ; Nouvelles preuves à l'appui. 1 vol. in-12. 1872.

ÉTUDES DE PHILOSOPHIE NATURELLE

2me Série : N° 10

ÉLÉMENTS
DE
PSYCHOLOGIE MATHÉMATIQUE.

(Avec Planche)

POUR PARAITRE SUCCESSIVEMENT :

3ᵉ Série : Nº 1. Identité du Subjectif et de l'Objectif. 1 vol. in-12.

Nº 2. Le vrai système général de l'Univers. 1 vol. in-12.

Nº 3. Origine des Météorites et autres corps célestes. 1 vol. in-12.

Nº 4. Sources naturelles du surnaturel (avec planche). 1 vol. in-12.

Nº 5. Prodrome de Chimie rationnelle. 1 vol. in-12.

Nº 6. Du premier instant dans la série des êtres et des événements. 1 vol. in-12.

Nº 7. Fins et moyens de Cosmologie rationnelle. 1 vol. in-12.

Montpellier. — Typ. BOEHM et FILS.

ÉTUDES DE PHILOSOPHIE NATURELLE
2ᵐᵉ SÉRIE : N° 10

ÉLÉMENTS
DE
PSYCHOLOGIE MATHÉMATIQUE
(Avec Planche)

PAR

J.-ÉMILE FILACHOU
Docteur ès-Lettres.

Omnia in mensurá et numero.
Sap. XI, 21.

MONTPELLIER	PARIS
Félix SEGUIN, Libraire-Éditeur	DURAND & PEDONE-LAURIEL
Rue Argenterie, 25.	Rue Cujas, 9.

1877

AVANT-PROPOS

Le titre d'*Éléments* que nous donnons à cet écrit doit être pris à la lettre, ou dans son sens le plus réduit, car il ne peut aucunement entrer dans notre pensée de formuler, en quelque sorte d'un seul jet et sans lacunes, un ouvrage d'une aussi grande profondeur et portée qu'un traité de *psychologie mathématique*. Cependant, comme nous nous proposons au moins d'en esquisser les principaux traits, et, pour cela, de reprendre et refaire l'œuvre infructueusement déjà tentée par Herbart, pour répondre au désir de ceux qui voudraient d'avance avoir une certaine notion de sa théorie mécanique, nous en articulerons ici les points les plus essentiels avec le plus de soin et de clarté qu'il nous sera possible.

Au lieu de procéder comme on procède, par exemple, en Arithmétique et Géométrie, par l'exposition analytique des notions les plus simples et les plus générales, et qui sont, pour ces deux sciences (objectivement), les grandeurs *discrètes* ou *continues* (subjectivement), les différentes *opérations* à faire sur les mêmes grandeurs, Herbart, fondant sa psychologie mathématique, ne s'est nullement enquis, avant tout, des données indispensables de cette nouvelle science ni des diverses manières d'opérer applicables à son égard ; mais, trouvant sous sa main la division de la *Mécanique* en *Statique* et *Dynamique* et ne soupçonnant pas même le besoin de la compléter par une troisième partie lui fournissant le moyen d'aller et de venir de l'une à l'autre, il s'est seulement demandé, d'abord, comment il pouvait être question de *statique* entre les *pensées* ou les *tendances* de l'âme réunies sous la forme commune de *représentations*, et puis comment il pouvait être également question de *dynamique* entre les mêmes *représentations* présupposées varier en elles-mêmes de grandeur ou d'intensité. Là-dessus il a, dans une entière bonne foi — croyons-nous — mais très-cavalièrement néanmoins, à notre avis, émis les principes suivants.

Les *représentations*, telles quelles, sont d'égale ou d'inégale force, et par là même figurables par des expressions $a, b, c,...$ de valeur quelconque comme $1, 2, 3,..., 1, \frac{1}{2}, \frac{1}{3},....$ Entrant en relation les unes avec les autres *deux à deux* ou *trois à trois*, etc., les mêmes représentations sont en outre, respectivement, ou *neutres*, ou *convenantes*, ou *contraires*, et notamment, contraires, elles le sont *pleinement* ou *partiellement*. Pour fixer ici les idées sur un cas particulier, prenons-en deux *égales* et *pleinement contraires* : devrons-nous les supposer s'excluant ou *s'obscurcissant* toutes les deux à la fois ? Il n'y a pas de raison à cette éclipse totale et simultanée, dit Herbart, car, pour amortir l'opposition actuelle, il suffit qu'une seule s'enlève, ou, ce qui revient au même, qu'elles s'obscurcissent à demi toutes les deux. Posant alors en principe qu'il existe une *somme d'empêchement* à effectuer, *égale* (dans le cas actuel) à la Représentation ou à la somme de Représentations opposées en plein rayonnement de la première ou de la plus forte, et *divisible* entre elles *en raison inverse de leur force*, il établit la proportion fondamentale ci-après :

La somme des termes de rapport (ou *Représentations*) *est à chaque terme de rapport* (ou *Représentation*) comme *la somme totale d'empêchement à effectuer est à chaque empêchement particulier corrélatif.*

Par exemple, entre les représentations a et b présupposées égales et pleinement opposées, la *somme totale d'empêchement* peut être indifféremment a ou b ; posons-la égale à b. Comme chacune d'elles participe à l'empêchement en raison inverse de sa force, elles sont *respectivement* égales à $\frac{1}{a}$, $\frac{1}{b}$; et

— VIII —

l'on a pour *somme des termes de rapport* la somme $\frac{1}{a} + \frac{1}{b}$. Mettant en proportion la *même somme* avec le *premier* des termes de rapport et la *somme connue d'empêchement* égale à b, l'on obtient la formule

$$\left(\frac{1}{a} + \frac{1}{b}\right) : \frac{1}{a} :: b : x,$$

d'où il vient d'abord $\left(\frac{b}{ab} + \frac{a}{ab}\right) : \frac{1}{a} :: b : x$;

puis $(b + a) : \frac{ab}{a} :: b : x$,

et enfin $(b + a) : b :: b : \frac{b^2}{b + a}$.

Mettant de nouveau semblablement en proportion la *somme des termes de rapport*, le *second* terme de rapport et la *somme d'empêchement*, on aurait la formule analogue

$$(b + a) : a :: b : \frac{ab}{b + a}.$$

$\frac{b^2}{b + a}$ exprime la *part* d'empêchement de *a* ; et $\frac{ab}{b + a}$ exprime la *part* d'empêchement de *b*. Soit alors $a = 1, b = 1$; l'on a: $a - \frac{b^2}{b + a} = 1 - \frac{1}{2} = \frac{1}{2}$, et $b - \frac{ab}{b + a} = 1 - \frac{1}{2} = \frac{1}{2}$. Soit encore $a = 2, b = 1$; l'on a: $a - \frac{b^2}{b + a} = 2 - \frac{1}{3} = \frac{2}{3}$, et $b - \frac{ab}{b + a} = 1 - \frac{2}{3} = \frac{1}{3}$.

Si nous supposions maintenant le *nombre* des Représentations opposées plus considérable, et le degré d'opposition seulement *partiel*, la théorie des calculs et leurs résultats se compliqueraient beaucoup ; mais, heureusement, nous n'avons pas besoin d'entrer dans ces détails de la Statique Herbartienne pour en faire connaître aussi sommairement la dynamique.

D'après ce que nous avons déjà dit, les deux représentations a et b, prises pour exemple, doivent perdre en force et clarté, — quand elles sont en principe respectivement égales à 2 et 1, — la première, $\frac{1}{3}$ de sa valeur primitive, et la seconde les $\frac{2}{3}$. Elles *doivent* donc décroître, l'une ou l'autre, de ces deux quantités ; et parce qu'elles doivent décroître dans ce rapport, elles subissent une *nécessité* de décroissement proportionnelle ; dans le premier instant, à ces deux mêmes quantités, mais décroissant elle-même à son tour, au fur et à mesure que leur propre décroissement se réalise. On sait déjà qu'une variation accomplie dans ces conditions s'opère par manière de mouvement hyperbolique : elle en adopte donc les formules ; et si l'on représente par Σ' l'empêchement de $a = 2$, par Σ'' l'empêchement de $b = 1$, l'on aura, pour représenter les variations de a et de b, les deux équations différentielles $\Sigma' - \sigma' = \dfrac{d\sigma'}{dt}$, $\Sigma'' - \sigma'' = \dfrac{d\sigma''}{dt}$. Car, alors et dans l'un et l'autre cas, la *nécessité d'affaissement* est évidemment égale à l'*effet produit* dans chaque unité de temps. Or, tel est le rapport de la *nécessité d'affaissement* ou de l'*effet produit* à l'*unité de temps*, tel est aussi le rapport de la *différentielle de l'effet* à la *différentielle du temps*; et dans tous ces cas, $\Sigma - \sigma$ représente la *nécessité d'affaissement*, 1 représente l'*unité* de temps, $d\sigma$ et dt représentent les *différentielles* de l'effet et du temps. On a donc la proportion générale : $\Sigma - \sigma : 1 :: d\sigma : dt$; d'où l'on déduit d'abord les deux équations différentielles $\dfrac{d\sigma'}{dt} = \Sigma' - \sigma'$; $\dfrac{d\sigma''}{dt} = \Sigma'' - \sigma''$, pour arriver ensuite aux deux intégrales respectives $\sigma' = \Sigma' \left(1 - e^{-t}\right)$, $\sigma'' = \Sigma'' \left(1 - e^{-t}\right)$. Ces formules démontrent que les décroissements des deux représentations comparées s'effectuent dans le *même temps* et suivant la *même loi*, bien qu'ils soient d'ailleurs complétement *séparés* et *différents*.

Herbart, ayant ainsi construit les bases de sa Statique et de sa dynamique psychiques, avait encore à se demander auquel des deux procédés *statique* ou *dynamique* il convenait d'attribuer la priorité d'être ou de devenir, ou plutôt de quel principe plus général on pouvait et devait les faire dépendre tous deux dans leur fonctionnement alternatif et simultané tout à la fois ; et là-dessus, sans paraître toutefois s'apercevoir de l'importance et de l'étendue de la question actuelle, Herbart l'a mesquinement résolue de plein saut, en déniant aux preuves métaphysiques de l'existence de *Dieu* toute valeur réelle, et faisant dériver du *mouvement* et du *choc* tout le *devenir* apparent ou réel. Car, du même coup, il faisait, du Dehors, le remorqueur obligé du Dedans, et condamnait ce dernier à n'être jamais qu'une pure ombre ou qu'un pâle reflet du précédent.

Après cette sommaire exposition des idées fondamentales de Herbart en *Statique*, *Dynamique* et *Mécanique générale* psychiques, il nous est possible de les juger en parfaite connaissance de cause ; car, sans vouloir pour cela dénier à leur auteur un grand don d'analyse et de perspicacité, nous leur trouvons dès le premier pas trois défauts capitaux et manifestes, bien suffisants pour les faire condamner et rejeter sans retour. Ces trois défauts capitaux et manifestes sont ceux de *pétition de principe* en Statique, d'*énumération incomplète* en Dynamique, et d'*insuffisance complète* en Mécanique générale.

Quels sont d'abord, en statique, soit le *principe* mis par l'auteur en avant, soit le *but* où il visait ? Herbart, formulant sa statique, ne visait à rien de plus ni de moins qu'à se rendre compte des formes théoriques de l'Expérience sensible, appelées *temps*, *espace* et *mouvement*, mais, pour le dehors et comme immanentes, spécialement concentrées dans l'*espace*, et provenant toutes, en lui, de lui-même. Les notions de *relation* et d'*opposition* qu'il mettait dans ce but en avant n'étaient d'abord admissibles à ses yeux qu'en qualité d'*abstraites*; mais les mêmes notions, appliquées sous la forme de *forces*, aboutissaient à la production d'*écarts* ou de *distances* sensibles entre les représentations ; et ces écarts ou distances, tout d'abord évidemment *spatiales*, devenaient ensuite, par leurs variations, la source des formes dérivées de *mouvement* et de *temps*. Herbart visait donc, avant tout, à l'actuelle représentation de l'espace objectif *externe*, à ce qu'on croit. Mais qu'étaient les rapports linéaires eux-mêmes, tels que $\frac{1}{a}, \frac{1}{b}$, que Herbart préposait au jeu des représentations contraires a, b? N'étaient-ils point un véritable *espace* objectif *interne*? Herbart admettait donc en principe l'*espace*, en même temps qu'il en faisait une question de *temps* ou de *devenir* ; et sa doctrine statique repose ainsi clairement sur une préalable confusion ou *pétition de principe*.

En dynamique, le point de vue de l'auteur n'est point aussi radicalement faux, mais il ne laisse point d'être encore très-gravement défectueux.

Car il en arrive ici, comme nous l'avons déjà dit, à rapporter en principe toutes les variations internes au mouvement hyperbolique ; et, comme ce mouvement implique essentiellement deux variations distinctes et concourantes, telles que celles des *représentations* changeantes, d'une part, et celles de leur *vitesse* même de changement, de l'autre, il est clair qu'il existe ici deux mouvements concomitants ou simultanés, dont rien n'exige que le cours s'effectue suivant la même direction, mais qui peuvent au contraire s'effectuer en deux directions, même rectangulaires. Car un seul de ces mouvements est *réel* : c'est le mouvement propre des représentations. L'autre mouvement, qui n'en affecte que le mode ou la vitesse d'affaissement, est, au contraire, un mouvement essentiellement abstrait ou *formel* ; et, comme le réel et le formel, radicalement dépendants du Sens et de l'Intellect, héritent naturellement de l'originaire rectangularité de ces deux puissances, il suit de là qu'il est permis et même nécessaire de concevoir les deux mouvements spéciaux compris dans un seul et même mouvement général hyperbolique, rectangulaires entre eux. Aussi, nul mathématicien ne fait difficulté de représenter l'intégrale de la forme $\sigma = \Sigma (1 - e^{-t})$ par une autre intégrale de la forme $a^2 y^2 - b^2 x^2 = - a^2 b^2$. Or il est évident, par le traité des sections coniques, que le cas de cette dernière forme n'est que l'*un* des *quatre* cas possibles en la rencontre de deux forces rectangulairement appliquées comme elles le sont déjà, par hypothèse, dans l'hyperbole. Donc Herbart a singulièrement réduit dans sa dynamique le problème des variations relatives internes, dont rien ne prouve que les différences qualitatives soient moins nombreuses au dedans qu'au dehors ; et, sous ce rapport, sa dynamique pèche par *énumération incomplète*.

Enfin, Herbart, astreignant en principe dans sa mécanique générale le Dedans à marcher à la remorque du Dehors, ne blesse pas seulement le sentiment de liberté personnelle par lequel tout homme énergique et moral se croit en état de résister à toutes les puissances du dehors et même de s'insurger contre elles avec bonheur et succès dans une foule de cas; il tend, en outre, à nier jusqu'à l'existence et à la possibilité de ce même sentiment, et à faire, non, de l'Esprit, le moteur et le formateur de la matière, mais, de la matière, le moteur et le formateur de l'Esprit. Par là, le système Herbartien achève d'apparaître dans toute son insuffisance ou sa nullité. Car il est certain, il est manifeste, il est nécessaire que l'Esprit domine, forme, précède la matière ou le sensible extérieur; et si parfois la matière ou le sensible extérieur semble le dominer, former ou précéder, il ne faut point attribuer ce renversement à la matière ou au sensible, bien assurément dénués de toute vertu propre, mais à la lâcheté de l'Esprit en acceptant bénévolement ou bêtement l'humiliant vasselage. Puisque Herbart nous contredit ici si résolûment, voyons ce qu'il en pense. D'après lui, le dehors est le stimulant du dedans, qui resterait autrement table rase ; et, quand le dehors le stimule, ce dernier ressemble à la corde pincée qui vibre après le pincement, mais n'eût jamais vibré dans toute autre hypothèse. Soit ! mais n'est-il pas évident qu'alors même le doigt qui pince la corde *agit*, et que la corde, pincée, *réagit*? Il y a donc un acteur des deux côtés ; et des deux côtés il y a par là même *initiative*, mais initiative *différente*. Qui pince, commence ou prévient, il est déjà lui-même intérieurement induit à cela par une idée qui le provoque ; mais n'étant qu'idéalement provoqué par hypothèse, s'il agit sous cette provocation imaginaire, il se *meut lui-même*, il est créateur, il fait acte d'absolue liberté. Cet acte porte néanmoins sur autrui, dans le cas actuel. L'être alors réellement pincé ne laissant point, de son côté, de réagir, entremêle par là même sa propre action à l'action d'autrui reçue sous forme de pression; c'est pourquoi leurs actions et pressions combinées alternent désormais en même temps qu'elles concourent. Par exemple, la corde pincée n'était point dépourvue déjà d'une certaine tension inséparable des deux forces rectangulaires réalisant en elle ses deux états *longitudinal* et *transversal* harmoniques. Le pincement donnant un avantage à l'état *longitudinal* qui s'allonge, l'état *transversal* diminuant de diamètre devient concurremment passif ; mais cet avantage passager de l'état longitudinal disparaît bientôt par l'oscillation prompte à ramener la corde à sa première position. Les stimulants physiques ont donc, tout au plus, la propriété d'*exciter* les forces spirituelles ; mais elles ne les font pas *naître*, elles ne les instituent point, elles ne les créent point. Les effets des stimulants sur les forces spirituelles préexistantes sont toujours des actes oscillatoires essentiellement transitifs ; les forces spirituelles préexistent, au contraire, comme présuppositions immanentes indispensables ; et, chez elles, la prééminence de droit s'ajoute toujours à la préexistence de fait, pour les rendre constamment (à moins d'abdication volontaire) supérieures à toutes les sollicitations ou provocations externes. Herbart paraît, en beaucoup d'endroits, rendre hommage à ces idées éminemment rationnelles et morales ; mais, puisqu'elles sont contraires à ses principes métaphysiques, cette reconnaissance tardive n'en démontre que mieux l'*insuffisance radicale*, et nous conclurons de là que, après la vaine tentative de cet auteur, la psychologie mathématique est une œuvre qui reste tout entière à faire.

C'est cette même œuvre que nous allons entreprendre de réaliser à notre tour ; mais, dans ce but, nous n'établirons point de principes nouveaux ; nous recueillerons seulement ce que nous avons pu déjà publier à ce sujet d'élémentaire ou de substantiel, et, par conséquent, le présent écrit sera moins une mise à jour de nouveau qu'une mise à profit de l'ancien. Cependant, comme nous sommes loin d'avoir dit tout ce que notre méthode renferme d'instructif et d'avantageux, la nécessité de remanier l'ancien a parfois suscité l'apparition de nouveaux aperçus non moins importants, et de même, inversement la coordination des idées nouvelles aux anciennes est devenue la source d'éclaircissements dont, sans ce remaniement, la pensée ne se serait jamais probablement offerte à notre esprit. En somme, le présent écrit sera donc à la fois ancien et nouveau ; mais le principal objet n'en restera pas moins le recueillement de nos essais précédents, et disséminés çà et là, de *psychologie mathématique*.

Cassagnoles, le 1ᵉʳ octobre 1876.

ÉLÉMENTS
DE
PSYCHOLOGIE MATHÉMATIQUE.

1. La Psychologie mathématique est la science dont l'objet est de distribuer en *classes* ou *séries* et d'exprimer en *nombres* ou *formules* tous les phénomènes psychologiques clairement et distinctement perçus ou percevables.

Ici, nous ne faisons aucune distinction entre le *subjectif* et l'*objectif*. Car nous admettons *à priori* (sauf à commencer de le démontrer en temps opportun, § 8) l'identité radicale des deux, comme évidemment corrélatifs; et l'expression valable pour l'un doit alors valoir aussi pour l'autre, de la même manière que, en Mécanique, les formules de Cinématique conviennent en Dynamique ou Statique, et réciproquement.

Ici, nous ne distinguons pas davantage entre *phénomènes* et *réalités*. Car, réservant la différence métaphysique à faire entre ces deux choses, on est bien obligé d'admettre que, en définitive et pour la représentation, elles s'équivalent entièrement, comme, par exemple, cause et effet, principe et fin, etc. Or, au moment où l'on veut alors traduire ces deux choses en nombres ou formules, elles doivent s'équivaloir également. Donc la distinction entre *apparent* et *réel* peut être ici négligée sans inconvénient.

Nous plaçons ensuite la distribution des faits psychologiques en *classes* ou *séries* avant leur expression en *nombres* ou *formules* ; car toute distribution ainsi conçue dans un esprit de nomenclature est un acte *méthodique* nécessairement antérieur à l'expression des faits réels et particuliers constamment empruntés à l'observation *empirique*. D'ailleurs, pour déterminer mathématiquement n'importe quels faits sans le moindre défaut, il est assurément nécessaire d'en indiquer à la fois la *nature* et la *quantité* respectives, mais la connaissance de la *nature* est bien plus essentielle en cela que la notion de *quantité* ; dès-lors, en effet, qu'une chose *qualitativement* connue se trouve convenablement ordonnée dans un ensemble quelconque verticillaire ou sériel, il suffit d'en posséder deux ou trois exemplaires pour se faire une idée de ce que peuvent être *quantitativement* tous les autres, et par de simples données *quantitatives* analogues en très-grand nombre on serait, au contraire, bien loin de pouvoir en préjuger de même inversement l'inconnue qualité. Donc, scientifiquement au moins, les questions de méthode priment toujours celles d'expérience ; et par suite nous devons ici réellement nous occuper de distribuer les phénomènes psychologiques en classes ou séries avant de les traduire en nombres ou formules.

2. Les phénomènes psychologiques, envisagés d'abord *qualitativement*, sont d'ordre ou *spirituel*, ou *intellectuel*, ou *sensible*. Virtuellement coordonnés à ce titre, ils constituent trois mondes équivalents, au moins *imaginairement* distincts,

qui sont : le premier, celui des *idées pures* ; le second, celui des *formes objectives* ; et le troisième, celui des *positions individuelles*. Sériellement ordonnés au contraire, ils constituent bien encore trois mondes, mais trois mondes *réellement* distincts cette fois et caractérisés par les degrés très-saillants de troisième, seconde et première puissance. D'abord, ils subsistent bien un moment tous ensemble au suprême degré de la troisième puissance; mais le monde *spirituel* se maintient seul perpétuellement à cette hauteur, d'où le monde *intellectuel* descend le premier pour inaugurer le second degré, quand le monde *sensible* s'établit, dernier, mais en manière de souverain toujours, au plus bas rang. Par suite, le monde *spirituel* est le monde des *principes* absolus *invariables* ; le monde *intellectuel* est le monde des *principes* relatifs *constants*; et le monde *sensible* est le monde des *principes* absolus *accidentels*.

Mais les phénomènes psychologiques doivent être encore envisagés *quantitativement*, pour pouvoir être ou devenir mathématiquement déterminables à tous égards. Or ils sont ou deviennent tels comme synonymes de relations *éternelles*, *habituelles* ou *passagères*. La relation *éternelle* est celle de *racine* à *puissance* ; la relation *habituelle* est celle de *facteur* à *produit* ; et la relation passagère est celle de *partie* à *tout*. D'abord, entre toutes *racines* et *puissances*, il n'y a point d'autre différence qu'une différence brusque de simple degré, sans la moindre mention éloignée ni prochaine d'*extension* ou d'*intensité* réelles : on y passe donc d'un terme extrême à l'autre inconditionnellement et comme d'un seul bond, et la transition une fois réelle est ainsi du même coup éternelle. Maintenant, la relation de *facteur* à *produit* impliquant deux termes non homogènes en tout et d'*extension* variable, on doit nécessairement supposer un temps imaginaire ou rationnel à leur mutuelle rencontre, et par là même entre eux, l'intervalle d'un certain espace objectif ; et si, dans ces conditions, la transition d'un terme à l'autre peut être subite et durable, elle n'est pourtant jamais éternelle, puisqu'elle est imaginairement renfermée dans la portion de temps rationnel correspondant à l'espace occupé : la relation de deux êtres en pareil cas est donc seulement *habituelle*. Enfin, dans la relation de *partie* à *tout*, il n'existe point entre les deux termes comparés un simple intervalle rationnel qu'on puisse (comme tout à l'heure) franchir d'une enjambée plus ou moins forte, mais un intervalle *réel* par le temps *vrai* requis pour le parcourir, puisque toute *différence* d'intensités s'exprime par un temps réel ; bien plus, on ne saurait dire que cet intervalle réel puisse être jamais franchi par une intensité réelle de son ordre, puisqu'aucune force de cette espèce ne peut notoirement atteindre, en temps fini réel, au degré dont elle est néanmoins absolument susceptible ; donc, diminuant subjectivement d'élan en chaque instant et ne pouvant jamais d'ailleurs complétement se satisfaire, elle est essentiellement dépourvue de stabilité naturelle, ou bien changeante et *passagère*.

5. Nous venons d'envisager en général l'universalité des choses sous leur double aspect *verticillaire* et *sériel* ; mais, par là, nous ne les connaissons encore que très-vaguement, et, pour les mieux caractériser, nous devons entrer

de plus en plus dans les détails. Considérons d'abord le monde spirituel.

L'être *spirituel*, toujours latent, mais aussi toujours supérieur en puissance à l'*intellectuel* et au *sensible*, est le vrai Réel interne ; et c'est lui surtout qui nous fournit le moyen de distinguer clairement entre l'être *absolument* ou *relativement* absolu, d'abord, et le devenir *réel* ou *apparent*, ensuite.

L'être *absolument* absolu ou réel est l'*Unité absolue* prise sans distinctions ni divisions d'aucune sorte, mais plutôt présupposée par elles ; car, quoiqu'elle s'en distingue, elle ne les exclut point. L'être *relativement* absolu ou réel est constitué par la triple application de l'Unité absolue à elle-même, par exemple sous la forme des trois *axes d'élasticité*, qui sont notoirement irréductibles entre eux, quoique impliquant, tous et chacun en principe, une seule et même Unité réelle. Le caractère commun de ces trois *Absolus-relatifs* est alors, d'abord, de *se superposer* chacun à l'Unité absolue, puis d'être *rectangulaires* chacun à chacun.

Le *devenir réel* que cette dénomination de

réel dénote contenir un être véritable, est cet être qui, quoique finalement apte à se superposer, soit à l'*absolument absolu* radical, soit aux trois *relativement absolus* précédents, ne s'y superpose pourtant jamais qu'accidentellement ou partiellement, et subsiste alors généralement à part, soit sous forme de *direction oblique* comprise entre les axes d'élasticité pris deux à deux ou trois à trois, soit sous forme de *fraction* pour démembrement ou plus ou moins restreinte application de l'Unité primitive. De même que les trois premiers *Absolus relatifs* ont pour représentants dans la sphère ou mieux dans tout ellipsoïde en général les trois *axes d'élasticité*, les nouveaux *Absolus-relatifs* moins parfaits dont il s'agit présentement y sont représentés à leur tour, tantôt par des axes ou des portions de sections circulaires, tantôt par des lignes se rattachant à ces mêmes sections quand elles ne sont point d'ailleurs assimilables aux deux lignes intra-circulaires sinus et cosinus ou leur résultante. Or, on sait que les sections circulaires d'ellipsoïde sont toujours obliques aux trois plans principaux, et qu'*en général* les deux lignes intra-circulaires sinus et cosinus et leur résultante ne peuvent être simultanément égales à l'unité. Donc les nouveaux Absolus-relatifs sont surtout remarquables comme obliques aux directions normales primitives, ou différents de l'Unité radicale.

Le *devenir apparent* n'a plus d'être réel, mais un simple être fictif, car il n'est qu'une représentation d'être. Cette apparence est possible, comme *objectif* d'un acte subjectif interne par lequel on imagine ou conçoit, soit (habituellement) les êtres de raison, soit (actuellement) tout ce qui manque de fond immédiat ou de réalité propre. Telles sont, par exemple, les lignes *extra-circulaires* tangente et cotangente, sécante et cosécante. Ces lignes ne sont point en elles-mêmes des êtres, mais leur ombre, car elles s'y rattachent seulement comme l'ombre aux corps matériels. Quoique nulle en soi, l'ombre des corps matériels ne laisse point d'en reproduire la forme ; de même, sans avoir la réalité des lignes *intra-circulaires*, les lignes *extra-circulaires* ne laissent point d'en représenter la position ou la grandeur. Leur apparition est donc encore un devenir, mais un devenir seulement objectif, fantastique ou simulé.

4. Dans l'Unité radicale ainsi que dans les trois premiers Absolus-relatifs, nul devenir ou plutôt nulle variation n'est intrinsèquement possible, car il leur est essentiel de retenir la forme *unitaire* absolue. Au contraire, ni les Absolus-relatifs du Devenir réel ni les purs Relatifs du Devenir apparent ne sont de même à tous égards invariables, puisqu'ils répondent tous à des types *divers* et *contingents* ; et de là vient qu'il peut être question en eux de devenir. Il y a cependant, entre les *Absolus-relatifs* et les *purs Relatifs*, indépendamment du fond, deux autres différences notables. D'abord, le devenir des Absolus-relatifs a pour limites *0* et *1* ; et le devenir des purs Relatifs a pour limites *0* et ∞ ; puis la variation propre au devenir *réel* est une variation d'*intensité* naturellement inhérente aux sujets en faisant partie, d'où il suit que si, par hypothèse, l'un de ces sujets, une fois doué d'un certain degré de force, se montre doué plus tard de degrés inférieurs ou supérieurs au précédent, il accuse par là même un *changement* de nature ou de qualité finalement attribuable aux trois premiers Absolus-relatifs, dont il est positivement

ou négativement dépendant en principe : c'est ainsi que, pour passer d'arc $= 15°$ à arc $= 30°$, il faut d'autres systèmes de cosinus et de sinus, etc. Il est donc ici possible, tantôt que le changement de degrés dénote un ensemble d'êtres coexistants hiérarchiquement constitués, tantôt qu'il implique un seul et même être parcourant la même série de degrés en divers temps. Le devenir *réel* peut donc être un indice caractéristique de natures réelles. Au contraire, bien que se référant en principe au devenir *réel*, le devenir *apparent* dépend encore de plus près du sujet *représentant* auquel il sert d'objectif imaginaire ; et, comme immédiatement placé sous les ordres de ce dernier non moins souvent inspiré par la fantaisie que par la raison, il ne peut jamais garantir une exacte et sûre reproduction des faits réels. Donc le devenir *apparent* n'est en lui-même qu'un indice banal ou indéterminé de réels.

5. Après avoir reconnu que le monde *spirituel*, le premier de tous, projette une vive lumière sur l'être et le devenir en général, nous pouvons

également reconnaître sans peine qu'il contient éminemment en lui-même tout le possible.

Tel que nous l'avons vu jusqu'à cette heure exclusivement constitué d'un *absolument Absolu* et de trois *Absolus-relatifs* primordiaux, il est sans contredit complètement invariable en son fond et ne peut jamais devenir autre qu'il est : sous ce rapport, il est *fatalement* constitué — comme on dirait — *en arrière*. Mais ce qu'il est ainsi, loin de mettre obstacle à ce qu'il *peut*, le conditionne au contraire ; et par suite, moins il est déjà développé, plus est large ou vaste le champ des développements *librement* réalisables à l'avenir ou *par devant*. Il s'agit donc actuellement d'énumérer et de classer par genres ou par espèces ces changements possibles ultérieurs ; et, pour le faire avec plus de clarté, nous nous placerons tout d'abord dans un cas particulier, que nous généraliserons ensuite.

L'être *absolument absolu*, comprenant trois *Absolus-relatifs*, s'offre à nous sous l'aspect d'un *genre* primordial contenant sous lui trois *espèces* primordiales aussi, dont nous prendrons pour exemple les trois vertus spéciales de *pré-*

venance, de *reconnaissance* et de *complaisance*, toutes évidemment référables au même genre commun absolu de *Bienveillance*. Subordonnables d'abord au même *genre*, ces trois vertus spéciales sont *coordonnées* entre elles, et subsistent en conséquence à la même distance de leur centre et principe commun. Cependant, on ne saurait dire que ce centre-foyer, alors commun à toutes, et par suite respectivement universel, se pose dans le même moment imaginaire ou rationnel en elles ; car, par exemple, la prévenance a la priorité de temps sur la reconnaissance ; et la reconnaissance est un devoir suivant de si près la prévenance, qu'il apparaît ouvertement devoir anticiper — au moins en raison toujours — sur celui moins formellement impliqué de la simple complaisance. Donc, quoique alors spirituellement commun à ses trois *espèces* à la fois, le *genre* absolu de la Bienveillance passe — au moins spirituellement aussi — de l'une à l'autre, ou circule virtuellement en elles. Tenant compte à la fois de l'*égalité de distance* et du *mouvement rotatoire* alors inséparable de la dérivation, au lieu de nous représenter ici l'ensemble du *genre* actuel et de ses trois *espèces* sous la forme d'un triangle avec perpendiculaire sur le milieu de la base, comme nous l'avons marqué *fig*. 1, nous devons nous le représenter sous la forme d'un cercle à trois secteurs égaux tel que celui marqué *fig*. 2, et dans lequel les trois espèces sont supposées à la fois identiques en principe et distinctes de fait, en même temps que le genre commun est censé résider *absolument* en toutes et circuler *relativement* de l'une à l'autre.

Maintenant nous avons appelé ce cas *particulier*, parce que le mouvement révolutif effectué par les trois *espèces* coordonnées est censé s'accomplir dans un même plan et s'exprimer par là même *algébriquement*, à la manière de tous les mouvements révolutifs des planètes ou de leurs satellites ; bientôt nous aurons lieu, d'ailleurs, de signaler trois cas pareils, spécialement distincts, mais semblablement réalisables : par là, nous ne sommes donc point placé dans le cas le plus général ; et, pour remonter à ce dernier, nous dirons ce qui fait à la fois défaut au précédent, soit comme trop restreint pour être général, soit comme pas assez déterminé pour devenir élémentaire.

Dans le cas précédent, les trois *espèces* assignées n'étaient point censées occuper, chacune, toute la circonférence du *genre* ; et cependant elles doivent, chacune, l'occuper, puisqu'elles lui sont identiques. N'oublions point, en outre, d'observer que le *genre* primordial ne subsiste pas seulement en manière de cercle, mais bien encore en manière de sphère, et même de sphère infinie, puisqu'il a toute l'infinie latitude d'exercice imaginable entre les deux limites infiniment distantes 0 et 1 : donc ce genre contient en lui-même l'universalité des choses, soit réelles, soit possibles ; et puisque chacune de ces *espèces* s'identifie (en son heure) à lui, chacune d'elles contient également (en son heure) l'univers. Chacune est donc (en son heure toujours) une *sphère* ; et, comme il n'y a point de sphère sans *cercles* ni *rayons*, chacune est encore, au moins implicitement, et *circulaire* et *rayonnante*. Que sont alors les deux autres espèces, dépouillées par hypothèse (à la même heure) de la même plénitude de développement ? Ces deux autres espèces sont, en ce moment, comme imaginarisées. D'après la nouvelle théorie des imaginaires introduite par Gauss, une direction *réelle* étant donnée, toute direction rectangulaire à son égard est imaginaire pour elle. Donc, quand l'Unité *absolument absolue* se pose en une première *Relation absolue*, cette première Relation absolue se traduit immédiatement en sphère ayant son axe particulier ; et, quand ensuite l'Unité *absolument absolue* se pose en la seconde Relation, cette seconde Relation se traduit de même immédiatement en sphère avec axe particulier encore, mais rectangulaire au précédent ; et ainsi de suite. Donc l'Unité *absolument absolue* se pose trois fois en sphère, ou bien en trois sphères universelles et superposées, mais discernables pourtant par la direction rectangulaire de leurs axes fondamentaux ; c'est pourquoi, tournant avec une infinie vitesse sur elle-même, elle change simultanément trois fois de position axiale, ou sautille ; chose qui n'est plus susceptible d'expression algébrique, mais seulement transcendante.

Dans le cas *particulier* que nous avions d'abord introduit, l'espèce présupposée la première en fonction sous le nom de *prévenance* était l'espèce vraiment dominante au fond; mais, réellement dominante, cette espèce était *principale* et n'admettait plus dès-lors en elle les deux autres qu'à titre d'*auxiliaires*; et voilà pourquoi le mouvement s'en accomplissait exclusivement dans un plan circulaire. Mais, le moment où la seconde et la troisième espèces dominent à leur tour ne manquant pas d'arriver, il y a trois semblables rotations immédiatement effectuées l'une après l'autre, et ces trois mouvements coexistants ressemblent à ceux d'une même sphère dont les trois cercles *méridien*, *équatorial* et *horizontal* seraient censés tourner à la fois sur leurs axes respectifs par triple variation immédiate et transcendante de l'Absolu en lui-même.

Les trois Absolus-relatifs, tournant chacun sur leur axe particulier, sont trois *genres* universels irréductibles. Mais ils peuvent bien encore, au lieu de subsister toujours à part, être pris deux à deux, et donner de cette manière, par trois fois, naissance à des couples dont les deux termes jouent respectivement le rôle d'*espèces*. Enfin, chaque couple spécial peut et doit avoir sa résultante particulière ; et toute résultante particulière, isolément envisagée, figure à titre d'*élément*. Les trois Absolus-relatifs primordiaux contiennent donc en eux-mêmes tout le possible, puisqu'ils réunissent en leur puissance tous les modes d'exercices *généraux*, *spéciaux* ou *particuliers* imaginables au triple point de vue *transcendant*, *naturel* et *rationnel*.

6. Le monde *spirituel*, dont nous nous sommes occupé jusqu'à présent, est tellement supérieur aux deux mondes *intellectuel* et *sensible* lui faisant suite, qu'il ne peut en aucune façon s'affecter gravement de leur intervention et doit regarder comme un jeu toutes leurs variations ou différences. Mais, comme nous l'avons déjà dit, les êtres primordiaux du monde *spirituel* sont seulement au nombre de trois, et les êtres des deux mondes subordonnés *intellectuel* et *sensible* peuvent exister en nombre quelconque. Comment ces derniers se distinguent-ils alors des précédents ou entre eux ? C'est ce que nous allons examiner, en nous occupant tout d'abord de

ceux d'ordre *intellectuel*; et pour cela, nous démontrerons que ceux-ci diffèrent, en premier lieu, des précédents, par leur *orientation* d'abord; et par leur degré toujours fini de *vitesse* ensuite ; qu'ils diffèrent, en second lieu, les uns des autres par des caractères spécifiques assimilables aux quatre sortes de sections coniques *cercle, ellipse, parabole* et *hyperbolë*.

En admettant naguère que les trois Absolus-relatifs primordiaux diffèrent réellement entre eux par la direction *virtuelle* de leur *axe* respectif, nous avons équivalemment admis que cette fixation rationnelle primitive est chez eux un premier pas réel vers l'*orientation* ; cependant, nous ne saurions dire pour cela qu'ils y aboutissent d'emblée. Car les trois Absolus-relatifs primordiaux, une fois munis d'un *axe* propre, ne laissent point de s'imiter en tout ; ils ont donc à la fois *un* axe propre et *deux* axes d'emprunt, ou *trois* axes chacun, et sont par suite *objectivement* — sinon *subjectivement* — indiscernables, c'est-à-dire de vrais protées insaisissables à tout autre agent que l'Esprit. Achevons alors de les fixer, ou plutôt admettons qu'ils se fixent eux-mêmes. S'il en est ainsi, ce ne peut être *absolument*, mais seulement *relativement* ; car on ne conçoit point de position fixe objectivement percevable sans une autre position analogue à laquelle on la compare et trouve associée sans variation pendant un temps plus ou moins long. Pour se fixer, les Absolus-relatifs primordiaux s'allient donc au moins deux à deux ou par couples ; et, ne pouvant plus — tant que cette alliance dure, — disposer librement de leur attention, ils sont du même coup orientés à la fois pour le dedans et le dehors. Mais, encore une fois, cette orientation peut être ou *fictive* ou *réelle*. Elle n'est que *fictive* pour les trois Absolus-relatifs primordiaux, qui ne peuvent la prendre au sérieux et s'en amusent. Elle est ou apparaît au contraire *réelle* chez les êtres contingents non encore arrivés à la plénitude d'exercice des trois Absolus-relatifs primordiaux. L'orientation réelle est donc un vrai moyen de différenciation entre les êtres des deux mondes *spirituel* et *intellectuel*.

La question de la différence des *degrés* se résout aussi facilement que celle de l'*orientation*.

Les trois Absolus-relatifs primordiaux étant tous identiques à l'Unité, jouissent, comme elle, de la plénitude de vitesse, et consomment, comme infinis, leur révolution en un instant. Au contraire, quoique ayant la qualité de *foyers*, les Absolus-relatifs contingents ne s'identifient jamais entièrement avec l'Unité radicale ; et, comme fractionnaires, ils subsistent alors à la manière des quantités $\frac{1}{2}$, $\frac{1}{3}$, $\frac{1}{4}$, etc., qu'on doit prendre respectivement en nombre de 2, de 3 et de 4, etc., si l'on veut parvenir à reproduire par leur moyen l'Unité primitive. Dans ce cas, en admettant qu'ils continuent à s'exercer ou se mouvoir circulairement, la révolution entière demande (d'après la théorie connue des vitesses centripète et tangentielle associées) un temps quadruple de leur nombre. Ainsi, si l'on a pour nombre fondamental ou *module* 2, il faut 2.4 ou 8 temps pour une révolution entière ; s'il en a 3, il faut 3.4 ou 12 temps, etc. Le degré de vitesse est donc, en principe, toujours infini pour les Absolus-relatifs primordiaux, et fini pour les Absolus-relatifs du second ordre.

Il s'agit actuellement d'assigner les rapports des *Absolus-relatifs* contingents entre eux. De prime abord, il nous semble évident qu'ils doivent être — au degré près — entre eux ce que sont entre eux les *Absolus-relatifs* primordiaux eux-mêmes. Or, les rapports de ces derniers entre eux sont leur *identification* et leur *distinction* absolues, alors marquées par une *entière superposition* dans un cas et par un *écart infini* dans l'autre. Donc, puisque les rapports des *Absolus-relatifs* secondaires entre eux ne doivent différer que par le degré des précédents, ils consistent en superposition imparfaite et en distinction imparfaite encore, ces deux caractères s'accusant cette fois par des degrés finis d'attraction et de répulsion mutuelles. Ainsi, soient deux *Absolus-relatifs* donnés, tels que *planète* et *soleil*. Ces deux Absolus-relatifs ont un centre-foyer commun où ils convergent à la fois ; mais, du même coup, ils en divergent encore à la fois ; et leur attraction ou répulsion respectives sont en raison directe ou inverse de leur écartement. Mais, l'un des deux corps célestes alors comparés jouant (en raison de l'extraordinaire supériorité de sa masse) à peu près le rôle de centre-foyer, l'autre corps apparaît autant son inférieur que son égal. Il n'en est plus de même de deux corps célestes moins disproportionnés, tels que *planète* et *planète*. Entre ceux-ci, que les mêmes forces d'attraction et de répulsion ne cessent point de rattacher l'un à l'autre, mais qui n'offrent plus de trace de subordination concomitante, il règne évidemment une plus grande indépendance, et leur rapport est aussi beaucoup plus simple et moins saillant : il suffit à peine à les entraîner un peu, chacun, *obliquement* en dehors de l'équateur solaire, dans un plan normal à l'équatorial et d'un rayon égal à leur écart, que nous nommerons plan de *nutation*. Maintenant, entre tous Absolus-relatifs pris deux à deux, la complication et l'aggravation en plus ou moins de ces divers mouvements combinés peut être telle qu'ils en soient confirmés dans leur exercice primitif en sens et direction, ou qu'ils en soient, au contraire, détournés, et par suite dévient, ou jusqu'à la rectangularité d'une part, ou jusqu'à l'opposition bout à bout de l'autre. Une planète, par exemple, déviant jusqu'à la rectangularité, sortirait tout à fait du plan de l'équateur solaire et deviendrait errante comme les comètes ; de même, une planète variant jusqu'à l'opposition contradictoire verrait son attraction radicale pour le Soleil se changer en absolue répulsion. Or, puisque cette déviation ou variation a des degrés, elle est susceptible de classification mathématique ; et c'est ainsi qu'elle revêt le caractère connu décroissant des quatre sections coniques, dont chacune implique bien en principe une force du second degré, mais dont aussi les forces respectives perdent incessamment en constance ce qu'elles gagnent en variété, comme le témoignent les formules du Cercle, de l'Ellipse, de la Parabole et de l'Hyperbole. Les Absolus-relatifs du second ordre sont donc entre eux comme ces quatre courbes.

7. Après les deux mondes *spirituel* et *intellectuel*, vient le monde *sensible*, que nous allons étudier à son tour, en partant de la notion obtenue des précédents.

Chez les Absolus-relatifs d'ordre *spirituel*, l'Activité passant (sans pour cela se restreindre en aucune manière) d'une dimension à l'autre, se montre *sautillante* (§ 5) ; et de là lui vient même alors le caractère éminent de *puissance* réelle. Chez les Absolus-relatifs d'ordre *intellectuel*, l'Activité ne *sautille* plus ainsi par changement d'*axe* ; mais pourtant, changeant incessamment de direction ou de rayon vecteur, elle se montre *circulante* (§ 6), et par là même elle acquiert un caractère *factoriel* très-apparent. Au contraire, chez les Absolus-relatifs d'ordre *sensible*, que nous devons ici définir, l'Activité ne sautille ni ne circule plus, mais *flue* seulement. Car, de même qu'elle a dû diminuer d'un degré pour descendre du troisième mode d'exercice au second, elle doit diminuer encore d'un degré pour descendre du second au plus bas ; et, puisque cesser de sautiller est devenu tout à l'heure circuler, cesser de circuler doit être seulement à cette heure *fluer*. Circuler, c'est rester dans un plan, quelle que soit d'ailleurs la position variable alors occupée successivement hors du centre. Mais *fluer* seulement, c'est, — en raison de l'opposition stable ou *statique* des forces composantes cette fois en jeu, — rester dans la même direction et s'exercer dans le même sens, quelle que soit l'énergie des mouvements actuels. Donc, ici, nous ne nous écartons aucunement de l'ordre des idées, mais par là nous atteignons du même coup à la limite de la variation ; car, après la cessation de tout flux linéaire, nous ne pouvons trouver que le repos.

Une Activité qui se contente de *fluer* n'est point, à proprement parler, puissance primordiale, souveraine ou *créatrice*, puisqu'elle ne sautille point ; elle n'est point non plus facteur ou puissance secondaire et *motrice*, puisqu'elle ne circule point : elle est donc simplement *terme* ou puissance *déterminative*, d'une part, et *réceptive*, de l'autre ; c'est-à-dire, elle est seulement en soi *sujet-objet*, *sujet* comme principe, *objet* comme fin. Et, comme entre deux pareils termes il n'y a point de distance réelle mais simple écart imaginaire, il suit de là que la *ligne* de flux est radicalement une vraie ligne idéale, contenue tout entière dans la propre conscience de l'être représentant. Cependant nous ne saurions dire la même chose de ses deux *termes* qualifiés tout à l'heure de principe et de fin : le terme initial, par exemple, est bien réel, puisqu'il est déterminant ; et le final l'est de même comme déterminé. Donc, ici, nous avons atteint d'un seul coup aux premiers et derniers éléments de toutes choses, qui sont l'*identité réelle* du subjectif et de l'objectif d'une part, et leur *rapport imaginaire* de l'autre.

Le *flux* n'impliquant jamais qu'une direction, il est par là même évident que toutes les choses fluentes sont réduites à la première dimension et ne jouissent ainsi d'aucune extension en largeur ou hauteur : donc elles sont purement *intensives*. Malgré cela, nous ne laissons pas de les concevoir capables de donner lieu, par agrégation en tout sens, à des composés plans ou solides ; mais il ne faut point oublier que, en tout cela, leur mérite est simplement de servir d'objectif ou de matière aux forces sous-tendantes d'ordre supérieur qu'elles impliquent autant *après* qu'*avant* leur avénement. Par suite, les divisions ou sous-divisions des Absolus-relatifs d'ordre *sensible* sont, par emprunt, les mêmes que celles des Absolus-relatifs des ordres *spirituel* et *intellectuel*, leurs précurseurs et types invariables.

8. Dans ce qui précède, tous les êtres réels et jouissant (à ce titre) de la double qualification d'*Absolus-relatifs*, sont *définis* ou *classés*. Car les Absolus-relatifs d'ordre *spirituel* sont, pour nous, les trois Personnalités *divines* ; les Absolus-relatifs d'ordre *intellectuel* sont les Personnalités *angéliques* ; et les Absolus-relatifs d'ordre *sensible* sont les Personnalités *humaines*. Nous pourrions alors nous occuper de suite de les exprimer (conformément à notre plan) en *nombres* ou *formules*, s'il n'importait de résoudre auparavant, en quelques mots *substantiels*, la grande question des rapports entre le *subjectif* et l'*objectif*, que l'École Herbartienne entend tout autrement que nous.

Suivant nous, le Subjectif et l'Objectif se correspondent (au sens près) en tout et pour tout, et sont radicalement (sinon toujours ultérieurement) identiques. Suivant l'École Herbartienne, il existe bien une correspondance partielle probable entre le Subjectif et l'Objectif, car il est possible et même inévitable que, en beaucoup de rencontres, l'Objectif se règle sur le Subjectif, comme le Subjectif sur l'Objectif ; mais, en principe et dans l'ensemble des choses, cette correspondance existe ou n'existe point; et, supposé qu'elle existe, elle n'est ni démontrable en droit, ni démontrée de fait. D'abord, elle n'est point démontrable en droit, car l'essence des choses est absolument inconnaissable à notre esprit, et leur ensemble l'est également : tout ce que nous pouvons connaître n'est et ne sera jamais qu'une très-minime portion de l'univers. Ensuite, elle n'est point démontrée de fait, car rien n'atteste, par exemple, qu'il y ait en nous-mêmes un système de mouvements correspondant à celui des corps célestes dans l'espace. Donc la doctrine de l'identité du Subjectif et de l'Objectif est une hypothèse aussi gratuite qu'inutile. Eh bien ! nous sommes maintenant en mesure d'établir sommairement le contraire, et nous allons en effet démontrer que, en droit et en fait, cette hypothèse prétendue ne souffre pas le moindre doute.

En vertu de notre doctrine générale de l'identité de l'Être et de l'Activité, nous sommes dispensé de démontrer particulièrement contre Herbart que l'essence des êtres n'est point aussi soustraite à notre connaissance qu'il le dit ; et, laissant alors de côté la question métaphysique pour la question psychologique, plus spécialement en cause en ce moment, nous commencerons par constater l'*universalité* de l'exercice de l'Activité, telle que nous l'avons considérée jusqu'à cette heure. Car évidemment, quoi qu'il arrive, le moyen ou principe de cet exercice est l'activité même, la mort ou l'inertie ne pouvant rien produire. Or il est impossible de concevoir que, en idée du moins, l'Activité s'exerce autrement que sous l'une des formes précédemment indiquées et se référant au premier, ou second ou troisième degré de la puissance. D'ailleurs, il est bien certain encore que, douée du troisième degré de la puissance, elle a pleine latitude d'exercice suivant l'un quelconque des axes du cube ou de la sphère ; que, douée du second degré de la puissance, elle a de même pleine latitude d'exercice dans l'un quelconque des trois plans du cube ou de la sphère, soit pour y circuler quand les deux composantes de la vitesse concourent, soit pour y osciller quand elles alternent, soit pour y varier elliptiquement, paraboliquement ou hyperboliquement, quand l'inégalité des composantes n'atteint point, atteint ou ne garde point une certaine mesure. Et, enfin, si par hypothèse le champ de l'Activité se restreint en une seule direction, elle conserve toujours la liberté de se mouvoir dans ce champ en sens direct ou rétrograde avec tous les degrés de vitesse imaginables. Notre théorie, se pliant donc à toutes les exigences du devenir, se prête du même coup à rendre aussi tous les modes d'être possibles ; et, comme il faut absolument que l'être se pose sous une forme quelconque pour être percevable, perçu ou percevant, l'universalité des modes de perception, de représentation et d'action comprend toutes les faces possibles de l'être subjectif. Maintenant, ce qui est *subjectivement* vrai ne peut manquer de l'être encore *objectivement* au dehors, quand il y prend pied ou qu'il en dérive, et cette alternative est toujours admissible. Car, par exemple, s'il est *subjectivement* vrai de dire en théorie que $2 + 2 = 4$, il est aussi vrai de dire *objectivement* en pratique que $2f + 2f = 4f$; comme inversement, si l'on peut dire avec vérité que $2f + 2f = 4f$, on doit pouvoir dire de même que $2 + 2 = 4$. Tel est, en général, le rapport entre l'*abstrait* et le *concret*, que chacun d'eux implique l'autre à son devant ou à sa suite, comme *principe* ou *conséquence*. Est-ce le concret qu'on a le premier : l'abstrait s'en déduit comme *conséquence*. L'abstrait devance-t-il au contraire le concret : ce dernier s'en déduit comme *application*. Mais, soit l'*abstrait* antérieur au concret, soit le *concret* antérieur à l'abstrait, jouent également le rôle de *principe*. Ces deux faces de la représentation sont donc facultativement alternantes ; mais toujours elles se correspondent, elles s'identifient même au fond, et se complètent l'une l'autre, comme tout sujet se terminant à l'objet, ou tout objet débutant par le sujet ; ou bien encore elles sont entre elles (avec la seule faculté d'alternation en plus) comme *sujet-objet*. Donc, puisque l'abstrait et le concret, respectivement constitués comme *sujet objet*, se correspondent toujours, l'universalité déjà démontrée du *Subjectif* implique forcément aussi l'universalité de l'*Objectif* correspondant, et l'on ne peut admettre en aucun cas l'une sans l'autre.

Il est assurément inniable, maintenant que, en bien des rencontres, on peut n'être pas en état d'apercevoir et par là même d'assigner cette incessante correspondance entre le Subjectif et l'Objectif, bien qu'elle existe réellement, car rien n'exige impérieusement que l'intelligence et l'observation des faits marchent en nous d'un même pas ou se développent simultanément au même degré. Jamais les deux exercices de l'Intellect et du Sens ne sont en nous complets; souvent ils ne sont pas même bien avancés: autant ils peuvent alors se développer inégalement en vitesse, autant ils peuvent se développer inégalement en extension; et de là vient qu'on trouve fréquemment tant de différence entre des hommes fort recommandables d'ailleurs par leur science, mais dont les uns auront principalement porté leurs investigations sur la nature extérieure, tandis que les autres auront principalement concentré leur attention sur le dedans. En général, un notable progrès dans la connaissance de l'Objectif amène ou facilite un égal avancement dans la connaissance du Subjectif, et réciproquement; mais il est bien rare que ces deux pas en avant se fassent à la fois des deux côtés : au moral comme au physique, on déplace alternativement les deux pieds ; et si, dans le ressort même de la nature extérieure où l'on n'a, pour ainsi dire, qu'à vouloir voir pour voir réellement, il y a des mouvements très-réels, très-proches de nous ou même très-intimes dont nous ne nous apercevons point sans un effort de science ou de génie, comment n'en serait-il pas de même dans l'ordre intellectuel ? Par exemple, la circulation du sang dans notre organisme humain est un fait physique, incontestable aujourd'hui, qu'on n'a pas laissé d'ignorer pendant de longs siècles ; comment s'étonner alors que la correspondance de l'*interne* et de l'*externe* ne se révèle point de prime abord ou d'elle-même à notre conscience ? Le défaut de perception d'un tel fait n'en prouve donc en aucune façon la non-existence ; et par conséquent, bien mieux fondé que Leverrier affirmant l'existence de Neptune avant de l'avoir vu, nous pouvons continuer à soutenir, avant entière vérification expérimentale, l'entière correspondance du Subjectif et de l'Objectif dans l'Absolu.

Mais nous pouvons aller plus loin, et vouloir

démontrer même par l'observation directe, aux menus détails près, cette correspondance. En effet, reprenons la considération de nos trois degrés d'Activité réelle *sautillante, circulante* et *fluente*, ou bien encore *transcendante, naturelle* et *rudimentaire*. D'après la division générale de l'être en *Subjectif* et *Objectif*, chacune de ces divisions de l'Activité se sous-divise encore en *subjective* et *objective* ; et, telle elle est alors *subjectivement*, telle elle doit être de même (au *sens* près toujours, pour pouvoir les distinguer) *objectivement*. La décroissance des degrés, observable d'un côté, doit donc apparaître aussi de l'autre ; bien plus, ces mêmes degrés doivent se correspondre chacun à chacun, mais de telle sorte que, comme le Subjectif décroît d'une part, l'Objectif s'accroisse parallèlement de l'autre ; car, en définitive, où le Subjectif expire, nous devons trouver l'Objectif entier, et réciproquement. Or, là-dessus, l'observation est formelle : l'idéal de l'Activité subjective est la *liberté*, puisque, entrant en relation avec elle-même, elle est ce qu'elle veut être ; au contraire, l'idéal de l'Activité objective est la *nécessité*, puisque, subissant ici sa propre rencontre, elle sent seulement ce qu'elle est. En conséquence, la face subjective de l'Activité réelle est le libre, et la face objective en est le nécessaire ; mais la liberté doit accuser trois degrés dans le Subjectif avant de s'évanouir, et de même la nécessité doit accuser trois degrés dans l'Objectif avant d'être entière. Assignons alors ces trois degrés. Subjectivement libre au troisième degré, l'Activité réelle est *sautillante*, ou bien a le choix entre trois axes également facultatifs pour elle ; subjectivement libre à deux degrés, elle est *circulante*, ou bien a le choix entre deux directions rectangulaires concentriques, la centripète et la tangentielle ; subjectivement libre au premier degré seulement, elle est *fluente*, ou bien a le choix entre les deux sens direct et rétrograde possibles en son unique direction d'alors. En face de ces trois sortes d'Activités *subjectives*, quels états *objectifs* se présentent maintenant pour soutenir le parallèle ? Justement trois états d'où la liberté s'enfuit degré par degré, pour aboutir enfin à l'absolu nécessaire. D'abord, deux ou trois Activités subjectives ou libres ne peuvent être liées entre elles que par elles-mêmes, en contract conventionnel : donc la *convention* est la première forme *objective* réelle. Puis, deux ou trois Activités subjectives ou libres, une fois liées entre elles conventionnellement, ont, par le fait même de leur liaison volontaire actuelle, un centre commun, ou sont centralisées ; et, par le fait même de leur centralisation, elles sont désormais obligées, avant toute émission d'actes libres ultérieurs, de porter leurs yeux ou leur attention sur leur Centre commun, pour tenir compte des exigences qu'il implique ; auquel cas elles font, par conscience ou raison, la *convenance* juge de leur conduite à venir : donc la *convenance* intellectuelle ou morale est la seconde forme *objective* de la Réalité. Soit enfin une Activité subjective ou libre réduite au premier degré de la puissance, et par suite obligée de se prendre elle-même pour but unique : n'est-il pas évident qu'alors tout le champ de sa liberté consiste en la faculté d'agir ou de ne pas agir, c'est-à-dire d'acquiescer à ce qui arrive ou est, ou de n'y point acquiescer ? Ce qu'elle est, elle l'est et ne peut ne pas l'être, mais elle peut ne pas le vouloir. En supposant qu'elle ne le veuille pas, l'empêchera-t-elle ? Non. Donc, ici, sa liberté n'est pas nulle, mais elle est au moment d'expirer parce qu'elle se trouve en face du nécessaire. Donc le nécessaire est la troisième et dernière forme objective de la Réalité. Les deux modes d'Activité libre ou nécessaire résumant en eux-mêmes tous les modes possibles du Subjectif et de l'Objectif, il suit donc de leur intime correspondance, démontrée tout à l'heure, que le Subjectif et l'Objectif sont, de fait, en eux-mêmes complétement ou radicalement identiques.

9. Si le Subjectif et l'Objectif se correspondent (au sens près) en tout, et se présentent partout sous les mêmes formes, ou bien encore agissent ou semblent agir constamment de la même manière, ils tombent nécessairement sous les mêmes *formules* ou s'expriment par les mêmes *nombres*, puisque ces nombres et ces formules ne sont pas autre chose que la traduction en langage mathématique des *formes* observées ou des *forces* effectives. Il n'y a donc point, comme l'avaient supposé les Herbartiens, deux Mécani-

ques : la mécanique des esprits et celle des corps, mais une seule, la mécanique vulgaire, à la fois applicable aux esprits et aux corps ; et par conséquent, puisque l'application aux forces physiques en est universellement admise ou reconnue valable, nous n'avons ici qu'à nous occuper d'en faire, pour le calcul des *états* ou des *actes* de l'esprit, le même usage.

Cependant, il ne serait pas facile d'entrer de but en blanc en matière à cet égard, si nous n'avions le soin de nous y préparer par quelques observations générales sur les différents jeux des êtres absolus aux trois états de *puissance*, de *tendance* et d'*acte* ; car les conditions d'exercice en varient beaucoup en ces trois états. Ainsi, tous êtres absolus sont *doués de puissances contradictoires*, ou *susceptibles de tendances contraires*, ou tout à fait *exlusifs dans leurs actes*. D'abord, ils sont doués de *puissances contradictoires*, comme ayant simultanément la même latitude ou faculté d'exercice en *profondeur* et *hauteur*, *à droite* et *à gauche*, et *en arrière et en avant*, toutes choses évidemment contradictoires entre elles. Puis, ils sont susceptibles de *tendances contraires*, comme pouvant s'exercer à la fois, et dans les trois plans principaux, en deux directions rectangulaires, à l'instar, par exemple, de la lumière saisie simultanément de mouvements vibratoires *longitudinaux* et *transversaux* ; chose évidemment — sinon contradictoire — au moins contraire. Enfin, ils sont éminemment *exclusifs* dans leurs actes, comme tout à fait incapables d'aller réellement à la fois *en arrière* et *en avant*, d'aller à la fois *vite* et *lentement*, etc. La même contradiction qui ne répugne point dans le ressort des *puissances*, répugne donc dans le ressort des *actes* ; et sans admettre semblablement une entière *exclusion* ou *compatibilité* des contradictoires, le ressort des *tendances* jouit de la moyenne propriété d'offrir *réunis* les *contraires*, trop différents pour être identiques, mais pas assez opposés pour être contradictoires.

Rappelons-nous maintenant que tout être absolu, réel, actif, est une Unité réelle, et que, à ce titre, il est à la fois infiniment petit et infiniment grand. D'abord, il est infiniment petit par sa position individuelle ou réelle *une* ; il est, ensuite, infiniment grand par son caractère général, imaginaire, *infini*. Une, l'Unité peut se répéter indéfiniment : donc elle est, par sa première position, vraiment élémentaire ou simple. Mais quoique une, la même Unité peut, en s'opposant aux divers nombres imaginairement constitués avec ou par elle, se diviser indéfiniment et donner ainsi naissance à des dérivés indéfiniment décroissants : elle est donc encore, par sa seconde position, un champ inépuisable d'activité relative. Comparant, après cela, l'Unité réelle avec elle-même sous ses deux faces potentielles, on la peut dire à la fois et réellement simple et réellement infinie, mais en prenant la réalité d'alors en deux sens différents, et, d'après ce que nous disions tout à l'heure, tantôt dans le sens d'*acte*, tantôt dans le sens de *puissance*. Donc, par exemple, *réellement* simple, l'Unité réelle est *imaginairement* infinie ; *réellement* infinie, l'Unité réelle est *imaginairement* simple. Donc elle est bien enfin, à la fois, *imaginaire* et *réelle*, c'est-à-dire une Activité transcendante dans laquelle tous les contradictoires s'annulent en restant possibles, ou restent possibles sans devenir actuels, de la même manière que nous trouvions réunis tout à l'heure dans l'Unité pure l'infiniment grand et l'infiniment petit, ou l'infini et le simple.

Cette notion de l'Unité réelle en est la notion *mathématique* radicale, et par conséquent tout à fait exempte (sauf par exclusion) d'aspects relatifs. La notion *psychologique* est toute autre. *Psychologiquement* envisagée, l'Unité réelle radicale n'est pas seulement absolue, mais *relative* ; elle est animée, vivante, active, et par suite, entrant en relation avec elle-même, elle est et s'apparaît *sensible, intelligente, spirituelle*. Par là, nous retrouvons en elle la notion des trois puissances ou personnalités internes : le Sens, l'Intellect et l'Esprit. En exercice, la première de ces puissances est justement la négation contradictoire de la troisième, car il est essentiel à la troisième de ne jamais se décentraliser ou se dépouiller de l'Unité réelle au milieu de ses plus larges et plus vifs élans, toujours censés rester pour elle imaginaires, quand il est impossible à la première de s'exercer réellement sans engendrer, en et d'elle-même, autant d'êtres qu'elle fait de pas articulés ou distincts qui la transforment objectivement. Ces deux puissances, originairement harmoniques à l'état natif de puissance, ne le sont donc plus à l'état accidentel d'agents ; et, sous ce rapport, il est inévitable que le Sens soit pleinement coërcé pour laisser plein exercice à l'Esprit, ou bien que l'Esprit se restreigne plus ou moins à son tour pour laisser plus ou moins libre carrière à l'exercice sensible extérieur. Mais la même opposition ne règne point entre le Sens ou l'Esprit, d'une part, et l'Intellect, de l'autre. L'Esprit pleinement libre n'est en rien gêné par l'Intellect vierge ou pur de toute accointance avec le Sens externe ou interne, et le Sens interne ou radical ne l'est pas davantage par le même Intellect non encore imbu de préventions ou de tendances fixes puisées dans le commerce de l'Esprit; mais comme l'Intellect, compris entre les deux autres puissances *contradictoires*, n'est que *contraire* à l'une ou à l'autre et peut s'allier alternativement avec chacune d'elles, héritant alors (par imitation) de l'une son extension virtuelle et (par délégation) de l'autre son intensité réelle, il devient créateur de la *forme* souvent apte à restreindre ou contre-balancer les deux exercices contradictoires de l'Esprit et du Sens, mais aussi parfois apte à porter à l'extrême—par défaut d'impartialité—la lutte intérieure. En tant que l'Intellect se coalise d'ailleurs d'une part avec l'Esprit et d'autre part avec le Sens, il inaugure deux mondes bien distincts, qui sont, l'un *transcendant* et l'autre *naturel*. Le monde transcendant, auquel se rallie toujours le Sens radical avant de sortir de lui-même, est celui dans lequel les trois Puissances réunies, quoique toujours subjectivement orientées en elles-mêmes, ne le sont encore aucunement par rapport au dehors. Concevons-les, en effet, identifiées aux trois axes d'une sphère, et supposons d'ailleurs la sphère entière tournant à la fois sur ses trois axes dans leur sens : il est évident qu'alors les trois Puissances seront à la fois orientées pour tous les points de l'espace infini qu'elles occupent, ou (ce qui revient au même) ne le seront pour aucun. Au contraire, supposons le Sens en cours d'exercice externe, et l'Intellect concourant de fait avec lui : malgré que l'Esprit conserve intérieurement son extension originaire ou son infinité, le monde réel et formel dont il a le spectacle fini sous les yeux ne lui

permet plus d'user au dehors des mêmes manières de vouloir ou de penser qu'auparavant, et,
bon gré mal gré, sa représentation doit prendre le
cours des choses apparentes ou se régler sur elles ;
c'est pourquoi l'ensemble du monde extérieur
ou naturel avec axes *principal* et *secondaires* est
dit alors orienté. Nul être, seul, n'est orienté,
car il est incapable alors d'apercevoir, quoique
se mouvant ou circulant, son propre mouvement,
ni même celui de l'ensemble, auquel il serait
identifié par hypothèse. Mais un être distinct
d'un ensemble formel plus ou moins régulièrement révolutif peut être censé toujours orienté,
puisqu'il peut toujours rapporter à un centre et
à un axe fixes les opérations ou mouvements
dont il est témoin.

10. Des trois mondes *spirituel*, *intellectuel* et
sensible admis (§ 2, etc.), le *spirituel* seul répond
au *transcendant*, dont nous venons de parler, car
l'*intellectuel* et le *sensible* peuvent être compris
(malgré d'assez notables différences) sous la commune dénomination de *naturels*. Dans l'habitude
où l'on est de juger les mathématiques *trans-*

cendantes plus difficiles que les mathématiques *élémentaires* ou *spéciales*, on pourrait ici soupçonner les états des agents *spirituels* d'être, de même, moins aisément exprimables en nombres ou formules que les *intellectuels* ou les *sensibles*; et cependant, il en est autrement.

Souvenons-nous d'abord que l'Absolu est *un* en nature et *triple* en puissances, d'où il vient, en appropriant à chaque Puissance l'Unité, d'une part, et à l'Unité les trois Puissances, de l'autre : $1 + 1 + 1$, d'abord, et 1^3, ensuite ; ou bien en définitive : $\frac{1^3}{1+1+1}$

Mais, en second lieu, chaque Puissance, distinctement égale à l'Unité réelle, la reproduit ou représente — à son point de vue — tout entière. Donc nous avons trois fois $\frac{1^3}{1+1+1}$, ou bien $\frac{3(1^3)}{1+1+1}$.

Enfin, se sommant comme nous venons de dire, les trois Puissances ne s'ajouteraient que par le dehors ou comme *termes*, et ne s'exerceraient point ainsi, comme puissances, dans toute leur plénitude. En même temps qu'elles se somment donc d'une part, elles peuvent et doivent se multiplier de l'autre ; ce qui nous donne $\frac{3\,(1^3)^3}{1+1+1} = \frac{27}{1+1+1}$.

1 est le symbole de l'infiniment petit et de l'infiniment grand (§ 9). 1^3 est le symbole du cube ou de la sphère élémentaires. $3\,(1^3)$ est le symbole de toutes agrégations statiques possibles. $\frac{3\,(1^3)^3}{1+1+1}$ est le symbole de tout le réel et le possible, et par conséquent de l'Univers entier.

Ces notions du monde *spirituel* nous semblent éminemment claires et précises ; elles sont même, en réalité, si simples que, par défaut d'attention et par dédain aussi peut-être, on ne s'avise point généralement d'en tenir compte ; c'est pourquoi, mêlant inconsidérément le monde *spirituel* ou *transcendant* aux *naturels*, tout différents d'ailleurs, on se crée subitement d'un seul coup une foule de mystères que, moyennant une plus grande circonspection *originaire*, on se fût épargnés. Par exemple, rien n'est plus étrange que l'existence ou l'intervention, au milieu du cours ordinaire ou *naturel* des choses, de causes ou forces subitement écloses et bouleversant en un clin d'œil l'ordre existant, telles qu'une explosion de poudre au *physique*, ou qu'une prise instantanée de détermination volontaire au *moral*, etc. Ces principes incontestables d'innovation sont-ils alors réellement nouveaux, ou ne le sont-ils pas ? S'ils ne sont pas nouveaux, comment changent-ils du tout au tout l'ordre de choses préexistant ? S'ils sont nouveaux, d'où sortent-ils eux-mêmes, ou plutôt comment se distinguent-ils des causes ordinaires, et quel rôle jouent-ils habituellement dans l'ensemble des êtres ?... Ces questions, généralement tenues pour insolubles, se résolvent cependant très-bien dans nos idées. Tout acte qui, simultanément, termine un ordre de choses et en commence un autre, est en lui-même (dans un sens *réel* ou *apparent*, suivant qu'on le prend comme *subjectif* ou *objectif*) un acte à trois degrés, et par conséquent impliquant le concours effectif des trois puissances, complète personnification de l'Unité réelle. Et ce concours est, comme nous l'avons appris, *radical*. Mais, radical, il est réellement simple, aussi bien qu'imaginairement éternel ; et, simple, il peut se répéter facultativement autant qu'on peut le désirer; éternel, il est invariable en son fond. Donc il n'y a rien d'étonnant en ce qu'il éclate par moments, d'une part, et en ce qu'il apparaisse si puissant ou rénovateur, de l'autre. A l'instar de la foudre éclatant au milieu des nuées, ou de l'étincelle électrique jaillissant d'un condensateur, l'Absolu *radical* fait irruption dans le cours ordinaire des choses au moment même où l'équilibre dynamique des forces *naturelles* est assez compromis pour déterminer sa libre intervention. Car on ne saurait dire vraiment que l'Absolu dépende du relatif, à moins que le relatif lui-même ne soit à la hauteur de l'Absolu : donc l'Absolu se détermine seul et par lui-même. Mais cela n'empêche point le relatif de participer à ses ébranlements. Car imaginons, par exemple, une planète amenée, par une cause quelconque en annulant la vitesse tangentielle, à ne pouvoir continuer sa révolution autour du centre du système solaire : elle devra pour lors retomber nécessairement dans ce centre d'où elle est originairement sortie ; mais elle devra pareillement, une fois retrempée dans ce centre, en ressortir avec une vitesse conforme ou non conforme à celle de sa première éruption, puisque l'Absolu ne prend, dans ses actes, conseil que de lui-même. Tous actes vraiment absolus, éclatant au milieu du cours ordinaire des choses, tranchent donc sur l'ensemble comme essentiellement subits et momentanés ; mais cette brièveté même, au lieu d'être une preuve d'infériorité de leur part, en démontre l'incomparable supériorité sous tous les rapports, puisqu'elle implique, en force ou vitesse, tous les degrés de la puissance, et, en extension ou durée, tous les temps.

Maintenant, il est clair que, si le monde *spirituel* est vraiment le premier, tout circule dans l'espace infini. Car l'Esprit est essentiellement vitesse et circulation, et cela, non dans un seul plan de l'espace, mais dans ses trois plans rectangulaires à la fois. Cependant, l'Esprit circulant perpétuellement ainsi dans l'imaginaire, rien ne peut être distinct. Pour en voir sortir quelque chose, il faut donc admettre que, doué d'initiative, il a la faculté de sectionner en quelque sorte à son gré dans cette immense région de l'imaginaire, en s'arrêtant ou stationnant en divers points, à la façon d'un train de chemin de fer ayant ses points d'arrêt fixés d'avance, et, plus grand est alors le nombre absolu de ses points d'arrêt actuels dans l'infini, plus grand est aussi le nombre absolu des Êtres contingents créés ou réalisés. Bien que, en effet, nous ayons dû réduire à trois le nombre des Absolus-relatifs primordiaux, ces trois Êtres personnels ne sont pas les seuls possibles ; ils sont seulement les premiers posés, en attendant que les autres, encore disponibles, se posent à leur tour. Mais ces derniers non posés d'emblée, que leur rang d'ordre condamne à dépendre ainsi radicalement des précédents, dépendent encore et par la même raison les uns des autres, à peu près comme les infiniment petits du troisième ordre dépendent de ceux du second, etc. Contre cette dernière dépendance de fait on alléguerait en vain la primitive égalité rationnelle de tous les Absolus relatifs. Cette égalité rationnelle peut bien être un état final absolument réalisable, mais elle ne saurait empêcher ni prévenir le fait réel d'inégalité flagrante subordonnant constamment les derniers venus aux premiers ; toujours les précédents ou les plus et plus tôt développés ont l'avantage sur les moins avancés ou plus tardifs ; et pour le futur complet développement de ces derniers, il ne suffit pas qu'ils puissent prendre la place des premiers, il faut encore qu'elle soit vide. La question de la variation ou de l'échange des rangs est donc une question très-complexe intéressant à la fois la *nature* et la *morale*, et dont la seule solution possible est en définitive dans l'entière harmonisation des tendances instinctives et sociales par le libre et sage emploi des moyens d'action que l'on possède, en quelque rang que l'on se trouve placé de prime abord.

11. Usant de leurs propres moyens d'action au troisième degré de la puissance, les trois Absolus-relatifs primordiaux, également libres en principe, tranchent ou sectionnent d'abord *formellement* dans l'infinie région de l'imaginaire ou du possible, en s'y ralliant d'un commun consentement *deux à deux* sous le bon vouloir du *troisième* fonctionnant alors comme *souverain* d'une part et comme *sujet* de l'autre, les deux alliés faisant de leur côté fonction de *moyens*.

L'Absolu, comme *souverain*, est là centre-foyer d'*intensité*; comme *sujet*, il y livre son *extension* tout entière au jeu des deux alliés qui, plutôt que de la partager, l'administrent en commun dans un plan normal à l'axe passant par le centre-foyer : le théâtre des deux forces combinées n'est donc plus (à leur point de vue du moins) une sphère, mais un *plan circulaire*, et c'est ainsi que le monde *intellectuel* à deux degrés survient à la suite et dans le sein du *spirituel* à trois degrés. Un pacte conventionnel en est l'origine. Des trois puissances contractantes, l'une se réserve le dedans et cède aux deux autres le dehors ; et ces dernières se distribuent à leur tour le dehors, en prenant pour soi, l'une le fond l'autre la forme. Dans cet arrangement, nous pouvons mettre de côté l'Absolu *souverain* et *sujet*, ou bien le *centre-foyer* et toute la *sphère environnante* ; car, vivant, le *centre-foyer* équivaut à 1^3 et rentre dans le monde *spirituel*, et, toute passive, la *sphère environnante* équivaut à 1^0, synonyme de nullité complète ou d'inertie. Donc, ici, les seuls objets à considérer sont les deux Absolus-relatifs alliés, mais par là même descendus au rang de puissances secondaires personnellement égales, chacune, à 1^2, quoique pouvant bien encore équivaloir aussi, chacune, à 1^4 dans le ressort de l'autre.

Comme égale à 1^2, chacune des deux puissances alliées existant au second degré d'activité réelle est force *constante*, naturellement invariable, et s'obtient, comme tout quotient du second degré, par le rapport du *cube* à sa *racine*, conformément à la formule $\frac{1^3}{1^1} = 1^2$. Représentant le cube par R^3 et sa racine par V^1, nous avons, pour leur rapport, $\frac{R^3}{V^1} = T^2$; et ce quotient T^2 figure alors la puissance du second degré présidant au cours des évènements soumis à sa direction spéciale, c'est-à-dire le temps d'une *révolution* s'il s'agit de planètes, le temps d'une *ascension* ou *chute* s'il s'agit de mobiles terrestres, etc.

Ces expressions, et notamment l'expression du second degré T^2, peuvent se traduire en *fonctions circulaires*. Des deux puissances alliées figurées par ce carré, celle qui joue extérieurement en un moment quelconque le rôle *actif*, est identifiable au cosinus ; et la puissance corrélative servant de terme *passif* à son action est identifiable au sinus. La puissance *active*, qui débute alors toujours par l'unité, pour décroître ensuite incessamment au profit de la puissance *passive* débutant par zéro, se consume en quelque sorte elle-même dans l'intérêt de son fruit ou produit, évidemment étranger à son propre avénement : donc, tout autant que le cosinus agit avec *production* et *décroissement* simultanés, son action réelle est double ; et l'action développée dans le sinus seulement *croissant* est, au contraire, simple. Mais il en serait de même inversement de ce dernier, s'il devenait actif ou premier à son tour. En tant que le cosinus débute *ex abrupto* par la plénitude, il est originairement égal à 1^2 pour arc $= 0$; mais il doit être pris *longitudinalement* : donc il est type d'*intensité*, c'est-à-dire qu'il est ou désigne une puissance subitement éclose et dont le champ est par là même *imaginaire*. Au contraire, le sinus se forme peu à peu, au fur et à mesure des décroissements du cosinus ; mais il doit être pris *transversalement* et sa valeur n'est égale à 1^2 qu'au terme de ces décroissements et pour arc $= 90°$: donc il est, de son côté, type d'*extension*, c'est-à-dire qu'il est ou désigne une puissance finale, ou préparée d'avance et conditionnée, dont le *champ d'exercice* se réglant sur un précédent réel *apparaît* lui-même *réel*, au lieu d'être seulement, comme le *lieu* du précédent, *imaginaire*. Comparant entre elles la grandeur *intensive* du cosinus et la grandeur *extensive* du sinus, on trouve assurément que, en dernière analyse, elles s'équivalent; mais on peut aisément entrevoir aussi que, autant le sinus se règle sur le cosinus décroissant, autant le cosinus se règle (au moins négativement) sur le sinus croissant : donc, en leur première rencontre formelle à deux degrés, les deux puissances figurées par ces deux lignes ne sont point encore nettement ou définitivement posées, mais ne jouissent que d'une sorte de demi-être — ou d'être quasi-fluent, en alternant incessamment de position comme circulant l'une après l'autre à la ronde ; et de là vient que, quoique très-bien déterminées déjà formellement ou rationnellement, elles n'offrent point encore de caractères réels ou physiques apparents,- en dehors des tendances élémentaires ou virtuelles qui les constituent.

Les déterminations encore abstraites ou formelles des deux puissances alliées du second degré sont celles de *subjectivité* et d'*objectivité*, ou de *réalité* et d'*apparence*. Comme *subjectives*, ces deux puissances sont, en effet, *réelles*, et, comme *objectives*, elles sont seulement *apparentes*. Mais, subjectivement réelles, elles continuent d'être figurées par le cosinus et le sinus seulement *intensifs* ou censés tels ; et objectivement apparentes seulement, elles sont au contraire figurées par les images *extensives* de ces deux lignes *intra-circulaires*, qui sont deux autres lignes, *extra-circulaires* cette fois, appelées cotangente et tangente. Par suite de cette modification introduite en la représentation objective, le sinus qui l'applique le premier au cosinus, tout d'abord longitudinal et par là même exclusivement intensif en principe, apparaît aussi le premier personnellement environné d'une auréole de grandeur représentative que le cosinus n'offrait pas. Elle ne lui convenait pas moins au fond pour cela ; mais, malgré cette secrète corrélation interne, il ne laissait point d'apparaitre sans auréole ou nu ; bien plus, le sinus lui-même, subjectivement envisagé, partage encore ce dénûment ; et c'est alors seulement objectivement que, se parant le premier de son extension *tangentielle*, il en transporte par imitation l'usage au cosinus finalement doué d'une extension *cotangentielle* analogue. Ainsi, comme *intensif* seulement, le cosinus, précède le sinus ; comme ostensiblement *extensif* au moins, le sinus précède le cosinus ; et par là même, enfin, la représentation *tangentielle* du sinus précède de fait et de droit la représentation *cotangentielle* du cosinus.

Nous avons déjà dit que le cosinus décroissant est *actif* et le sinus croissant *passif*, et *vice versâ*. Les deux puissances *relatives* figurées par eux alternent donc en action et passion ; et leur action et passion sont au fond également fluentes, mais elles sont aussi toujours corrélatives et s'identifient finalement dans l'Unité de la conscience réelle. Il n'en est pas de même de la puissance *absolue*, déjà reconnue *souveraine* et *sujette* à la fois, mais seulement en deux ressorts distincts, comme souveraine au *centre absolu* des forces et sujette en la *sphère environnante* imaginaire. Cette sphère imaginaire, siége exclusif de *passion*, avec lequel la face *active* de l'être n'a par conséquent rien à démêler, ne tombe ainsi qu'intellectuellement sous la conscience de cette dernière, toute réunie en son centre ; c'est pourquoi son état réel est bien à la fois un et simple. Néanmoins, elle n'est point incapable de variation d'exercice en ses modes spéciaux d'application subjective, et cela, non par elle-même, mais par la variable intervention des deux puissances *relatives* au moyen desquelles elle entre en communication avec sa face objective imaginaire, exclusivement passive. Comme activement égal à 1^s, d'une part, et passivement égal à 1°, de l'autre, l'être *absolu* personnel est *séparément* sujet et objet ; et c'est même parce qu'il en est ainsi, qu'il est absolu. Représentant le phénomène objectif, il le représente en simple sujet ou patient, ou très-empiriquement ; et, pour lui, le subjectif est ainsi l'objectif. Les deux puissances introduites en auxiliaires qui produisent ou dirigent le phénomène y prennent au contraire, comme causes intermédiaires ou prochaines, un intérêt réel ; elles y trouvent leur propre histoire *naturelle* ou *temporelle*, et pour elles le phénomène objectif est simultanément aussi subjectif.

La rupture signalée tout à l'heure entre le *Subjectif* et l'*Objectif* dans l'Absolu muni simultanément de ses deux faces *réelle* et *imaginaire*, explique comment il est possible aux différents êtres de se regarder comme étrangers les uns aux autres ; car ils en profitent pour se rejeter tous réciproquement dans leur face imaginaire respective, à moins d'avoir des intérêts *intellectuels* ou *moraux* communs ; et, pour se rétablir en union, ils ont aussi constamment ouvert devant eux ce même moyen indirect ou détourné de communication par l'Intellect ou par l'Esprit, suppléant à l'insuffisance radicale du Sens. Médiatement ainsi rétabli de sa dislocation originaire entre le dedans et le dehors, le Sens absolu personnel (ou l'Être réel quel qu'il soit existant sur ce type) n'a qu'une notion généralement *empirique* des événements objectifs ; mais il peut, par l'étude ou la réflexion, la convertir plus tard en rationnelle ou théorique, et recouvrer par là même l'unité d'ensemble déjouée par l'avénement de positions multiples indépendantes, et, avec cette unité d'ensemble, le moyen de réagir avec plus ou moins de succès sur le dehors. Subissant *passivement* l'influence du dehors ou reportant *activement* sur le dehors l'influence reçue, l'Activité n'institue point la radicale identité du *subjectif* et de l'*objectif*, mais la démontre ou manifeste.

Recherchons maintenant comment cette même Activité peut, en l'état relatif de puissance secondaire à deux degrés, se différencier subjectivement de plusieurs manières, suivant qu'elle dispose des deux puissances alliées soumises à sa direction. Il est d'abord évident que ces deux puissances subordonnées, n'étant qu'accidentellement reliées l'une à l'autre, comportent une variation indéfinie de rapports en intensité, grandeur ou durée. Cependant, cette variabilité de rapports peut encore se distribuer en quatre classes. Car, ou les deux puissances subordonnées concourantes sont égales en tout, à l'inversion près ; ou, non moins inégales qu'inverses, elles restent au moins proportionnelles entre elles ;

ou, variant toutes les deux sans fin dans le même sens, elles décroissent uniformément ; ou bien, enfin, variant toutes les deux diversement en sens contraire, elles s'entravent l'une l'autre jusqu'à complet arrêt (apparent ou réel) en temps fini ou infini. Parfaitement égales au fond, les deux tendances régies par un centre commun et tournant uniformément autour de lui décrivent un mouvement *circulaire* éternel ; absolument inégales mais relativement proportionnelles, elles décrivent un mouvement *elliptique* perpétuel encore ; uniformément décroissantes, elles varient *paraboliquement* ; aboutissant à l'annulation, elles succombent par manière de mouvement *hyperbolique*. Le cercle, l'ellipse, la parabole et l'hyperbole sont donc les quatre modes spéciaux d'exercice offerts par les Activités d'ordre secondaire, et formulables ainsi qu'il suit.

Soient, d'abord, les deux *tendances spéciales* pareilles aux *deux variables* x, y, *inversement croissantes ou décroissantes* (comme les cosinus et sinus trigonométriques) *entre* 0 *et* R : on a, pour en représenter l'ensemble, l'expression *cir-*

culaire α) : $y^2 + x^2 = R^2$. Dans cette expression, la vitesse angulaire est notoirement la même en chaque instant pour chaque point de la circonférence décrite : elle est donc à la fois *absolument* et *relativement* constante.

Soient les deux *tendances spéciales* figurées par les *deux variables x, y, inversement croissantes ou décroissantes entre 0 et les quantités respectivement proportionnelles a et b* : leur ensemble s'offre cette fois sous la forme *elliptique* β)[1] : $a^2 y^2 + b^2 x^2 = a^2 b^2$. Cette équation montre que le produit total ne change jamais ; mais la construction du premier membre prouve que cette immanence est un effet de compensations incessantes entre les facteurs intégrants (centripète et tangentiel) de ce produit : la vitesse angulaire (exprimable par la formule[2] $\frac{2c}{R^2}$) est donc ici périodique.

---

[1] Dans cette formule, on doit se représenter la valeur des deux termes du premier membre sous la forme suivante :
$a^2 y^2 + b^2 x^2 = \sin^2 a \cos^2(90° - a) + \cos^2 a \sin^2(90° - a)$.
(*La Mécanique de l'Esprit par la Trigonométrie.*, § 13.)

[2] Cette formule, dont on peut voir la démonstration chez les mathématiciens (par ex., en Resal, *Élém. de Mécanique*,

Soient, au contraire, les deux *tendances spéciales, uniformément variables à l'instar de l'abscisse et de l'ordonnée d'une parabole*: les érigeant en expression de cette courbe, on a le rapport γ) : $\frac{y^2}{x}$ = 2P, quantité constante mais seulement valable comme expression de *vitesse imaginaire* de variation uniforme, ou type d'*idéalité pure*.

Soient, enfin, les *tendances spéciales* toujours figurées par *les variables x, y, inversement croissantes ou décroissantes entre 0 et les quantités respectivement proportionnelles a et b, mais différant de signe* : le fonctionnement actuel s'en offre sous la forme *hyperbolique* δ): $a^2 y^2 - b^2 x^2 = -a^2 b^2$; et, considérant alors la valeur négative du second membre de cette équation, on entrevoit d'inspection que les quantités opposées dans le premier membre ne concourent jamais, et varient diversement en sens contraire sans fin (comme on peut d'ailleurs en

§ 34), est la formule type du *ciel moyen*, et, par le genre ou la variété de ses applications, tient en psychologie le premier rang.

juger par l'intégrale $\Sigma \bar{e}^t$, déduite de l'équation différentielle que nous donnerons § 14).

12. On peut d'abord éprouver un embarras visible à reconnaître *intellectuellement* ou *sensiblement* en soi-même l'existence de ces quatre sortes de mouvements ; mais, avec un peu de réflexion, on peut néanmoins les y reconnaître tous sans trop de difficulté. Nous commencerons par les constater dans le monde *intelligible*, où d'avance on les soupçonnerait le moins. Les quatre états idéaux correspondant aux quatre mouvements précédents sont ceux d'*évidence*, de *savoir*, d'*opinion* et d'*erreur*. Dans l'*évidence*, les deux tendances *subjective* et *objective* concourantes sont la *conviction* et la *certitude*, dont chacune implique à son devant ou à sa suite l'autre : elles tournent donc réellement l'une sur l'autre, avec simultanée coïncidence en l'*évidence*, leur centre et foyer commun. Dans le *savoir*, moins accentué que l'évidence, les deux tendances *subjective* et *objective* concourantes sont la *foi* et la *vérité*, qui s'impliquent encore, partiellement au moins, quand

elles sont toutes les deux rationnelles. Mais, leur rationalité n'allant point cette fois jusqu'à l'évidence, ni la vérité ne s'impose à la foi, ni la foi n'est acquise avant tout acquiescement volontaire à la vérité, provocatrice seulement : l'une et l'autre s'*empruntent* et se *prêtent* donc, pour aboutir à l'équivalence; et comme elles n'achèvent ainsi de circuler en commun qu'avec *renfort* ou *supplément* mutuels, la révolution en est non absolument circulaire, mais *elliptique*. Au lieu de prendre maintenant ensemble la foi *et* la vérité, prenons seulement la foi *ou* la vérité, comme c'est le cas chez ceux qui croient ingénument le faux, ou ne croient point ingénuement encore le vrai qu'on leur propose pourtant ; et, si nous nous demandons, alors, ou quand cessera d'une part cette bonne foi qui roule sur le faux, ou quand s'éclipsera d'autre part cette apparente vérité qu'on repousse de même, nous ne saurions le dire ; car, autant le *sens commun* est en lui-même constant, autant le *sens individuel* sincère est de son côté durable encore : donc, cette fois, les deux termes indépendants de relation sont séparément susceptibles d'indéfinie prolongation ou de durée *parabolique*, à l'instar de beaucoup d'opinions ou de préjugés humains. Mais, enfin, il est aussi possible que ni la bonne foi ne règne subjectivement, ni la vérité ne reluise objectivement; et c'est quand on ne croit que ce qui plaît, ou qu'on ne voit que des apparences illusoires. Or, rien n'est moins régulier dans son cours, ni moins certain de sa durée, que les *illusions* ou le *caprice*. Donc, quand subjectivement on se livre à ses passions et qu'objectivement on ne poursuit en réalité que des chimères, on doit changer de route ou de procédés à chaque instant, ou se montrer sujet à toutes les irrégularités du mouvement *hyperbolique*. Ainsi, les états *intellectuels* se règlent bien incontestablement sur les quatre mouvements spéciaux déjà décrits.

Si ces quatre mouvements règlent l'*intelligible*, ils doivent bien à plus forte raison régir aussi le *sensible*; et cependant, ici même, on arrive avec peine à les saisir. Les mouvements sensibles le plus tôt reconnus et aussi les plus avoués, sont les mouvements *hyperboliques*, suivant lesquels s'effectuent toutes les impressions de *sonorité*, de *coloration*, ainsi que de *chaleur* ou de *matérialité*, sur notre organisme : en général, notre sensibilité réagit brusquement sur toutes les provocations externes, et, moins elle est usée déjà, plus elle est vive; mais, autant elle est originairement excitable, autant elle est ensuite prompte à se relâcher ; on a pu même établir que, après deux ou trois instants, elle apparait comme évanouie. Si donc les mouvements *hyperboliques* ne sont point totalement soustraits à notre aperception, on peut dire au moins qu'ils ne nous apparaissent qu'à travers un treillis; mais les autres espèces de mouvements coniques sont bien plus déguisées par la nature à nos yeux. On admet en mécanique que tout projectile obliquement lancé dans l'atmosphère y décrit une première portion de trajectoire ascendante retardée, suivie d'une autre descendante accélérée, lesquelles ne sont pas autre chose que deux branches raccordées d'une *parabole* ayant son sommet en l'air. Eh bien ! telles sont toutes émissions d'activité *sensible* ou *relative* pareilles aux alternatives (par afflux ou reflux) de vigueur correspondant au printemps et à l'automne, à la jeunesse et à la vieillesse, etc. Pendant que, en ces diverses époques, l'instinct animal agit expansivement dans un sens, la nature extérieure agit constamment en sens contraire ; et comme ces alternatives se répètent fréquemment dans l'espace et le temps, il en résulte une somme ou série de *paraboles* indistinctes à sommets plus ou moins irrégulièrement épars dans l'ensemble de notre vie terrestre et temporelle. Nous ne serions pas éloigné de rapporter au même ordre de phénomènes ce qu'on appelle *tempéraments* dans la constitution de notre organisation physiologique. De leur côté, les mouvements *elliptiques*, dont nous sommes au fond aussi réellement doués, se déguisent à leur tour en nous sous la forme de mouvements seulement oscillatoires, par l'excessif *allongement* de l'un de leurs axes et *rétrécissement* de l'autre. Ainsi, dans notre fonctionnement respiratoire, incessamment aspirant l'oxygène de l'air et expirant l'acide carbonique, nous effectuons un vrai mouvement révolutif elliptique *externe interne*, étranglé seulement en son milieu, quand, vers ses extrémités ou dans l'air et les poumons, il jouit relativement d'une dilatation inégale mais incomparablement plus grande. De même, le sang circulant incessamment dans notre corps y réalise un double mouvement apparent elliptiquement révolutif, par son double aller et retour du ventricule droit au ventricule gauche, ou du ventricule gauche au ventricule droit, en ce qu'on appelle communément les deux circulations aortique et pulmonaire. Cependant, malgré ce profond déguisement des mouvements elliptique et parabolique dans notre organisme, les traces n'y en sont point physiquement tout à fait effacées, à l'instar de celles des mouvements *circulaires*, dont il nous reste à parler, et qui n'en sont pas moins rationnellement démontrables, d'abord, comme évidemment impliqués par les mouvements révolutifs précédents, et puis par cette observation directe que, tous Êtres étant des activités et toutes Activités ne pouvant être sans agir, au moment où l'on ne peut dire qu'*elles se meuvent hors d'elles-mêmes ou dans le néant*, force est d'admettre immédiatement qu'*elles se meuvent* (au moins quand elles existent au nombre de trois) *rotatoirement sur elles-mêmes*, comme nous l'avons effectivement admis déjà § 5 et *fig*. 2. Ostensiblement ou secrètement, le *sensible* est donc, aussi bien que l'*intellectuel*, soumis au régime des quatre mouvements coniques spéciaux, *circulaire, elliptique, parabolique* et *hyperbolique*.

13. Ces quatre mouvements s'enchainent. De même que, à un certain point de vue plus *général*, l'Activité radicale va et vient par les trois degrés d'être 1^3, 1^2, 1^1, ou 1^1, 1^2, et 1^3, elle va et vient, à un autre point de vue plus restreint mais *spécial* encore, par les quatre sortes de mouvements coniques, en débutant par le mouvement *circulaire* pour aboutir à l'*hyperbolique* en cas d'involution volontaire *gracieuse*, et par le mouvement *hyperbolique* pour aboutir au *circulaire* en cas d'évolution spontanée *naturelle*. Mais, comme ces divers mouvements alternativement *régressifs* et *progressifs* sont très-multipliés, ils apparaissent alors régulièrement entrelacés, et la complexion en semble de prime abord inextricable. Cependant, comme la nature

passe certainement avec suite et régularité d'une *espèce* à l'autre, ils sont foncièrement bien ordonnés entre eux, tant dans le temps que dans l'espace ; et l'on conçoit que, munie d'une méthode assez parfaite, la science pût arriver à se reconnaître aisément au milieu de ce profond et vaste labyrinthe. Déjà, pour la conscience humaine instinctive, il se divise très-intelligiblement en deux parts appelées l'*âme* et le *corps*, ou plus généralement encore le *subjectif* et l'*objectif*. Rejetant dans le pur *objectif* tout ce qui ne rentre point dans notre individualité propre, nous plaçons par là même à la fois dans le *subjectif* l'*âme* et le *corps* ; mais, reprenant aussitôt la même distinction, nous discernons, dans ce subjectif complexe, une portion plus stable et moins personnelle ou personnifiable que l'autre ; et cette portion, plus *passive*, nous l'appelons *corps* ; l'autre portion, plus spécialement *active*, nous l'appelons *âme*. Mais ni l'une ni l'autre de ces deux portions ne sont encore notre individualité réelle *absolue*, car elles sont relatives. Comme absolue, notre vraie personnalité n'exclut point ses deux faces relatives, mais s'en distingue pourtant et les précède même rationnellement. Supposé qu'on continue de l'appeler *âme* sous ce nouvel aspect, il n'en est pas moins vrai de dire qu'on donne alors à ce mot un sens tout différent, puisqu'on l'applique à désigner l'*Unité Substantielle* et de l'*âme* et du *corps* primitivement opposés l'un à l'autre¹.

Veut-on, après cela, reconnaître jusqu'à la *nature* de cette *âme absolue* que nous venons de définir : il est indispensable de changer d'aspect, ou de revenir, de la considération des quatre *espèces* de *mouvements*, aux trois *degrés* de la *puissance* 1^3, 1^2, et 1^1. Voyons dans ces trois degrés les types respectifs des trois puissances *pleine, moyenne* et *rudimentaire*, ou *ternaire, binaire* et *unitaire*, ou bien encore *créatrice, formatrice* et *motrice* ; il nous est libre, dès ce moment, de voir aussi, dans le terme 1^3 une image du Sens auteur de *réalités*, dans le terme 1^2 une image de l'Intellect auteur de *formes*, et

[1] Pour différencier l'*âme* prise dans le sens *relatif* de l'*âme* prise dans le sens *absolu*, nous attribuerons le *Moi psychologique* à la première, et le *Moi métaphysique* à la seconde.

dans le terme 1' une image de l'Esprit auteur de *vitesses*. Mais le Sens, l'Intellect et l'Esprit sont les trois puissances divines, universelles et perpétuelles, institutrices de tous les phénomènes cosmiques généraux, spéciaux et particuliers, sans lesquelles rien n'eût pu se faire, comme par lesquelles seules tout est possible : que reste-t-il alors en dehors d'elles, pour revenir en apanage aux *âmes absolues*? Il reste le terme 1°, type de puissance indéfinie, que nous nommerons (un peu à rebours, il est vrai, mais avec la confiance néanmoins d'être compris) *quaternaire*. Les puissances absolues *contingentes*, figurées par le type 1° = 1 tout court, ne peuvent plus certainement, au moins en principe, intervenir ni comme *créatrices*, ni comme *formatrices*, ni comme *motrices*; mais elles peuvent au moins intervenir, au milieu des précédentes, présentes et toutes prêtes à les seconder, comme *électives*, *déterminatives* et *directives*, à peu près comme un homme placé dans un triangle aurait le choix de se placer où il voudrait, sur les côtés, les diagonales ou les angles. Se plaçant alors, par hypothèse, sur une diagonale, un angle ou un côté déterminé, l'homme en question exclurait et reléguerait par là même dans l'imaginaire les deux autres diagonales, angles ou côtés : ainsi, faisant acte absolu d'*élection*, toute puissance quaternaire *absolue* se fait par là même *relative*, ou devient, d'*élective*, *directive*, mais *directive* seulement; ou bien encore *déterminative*, mais *déterminative* seulement. Elle est, dans cet état, *humaine*. Serait-elle par hasard à la fois *déterminative* et *directive* : elle fonctionnerait, cette fois, *angéliquement*. Agissant tant angéliquement qu'humainement, elle n'aurait cependant, à proprement parler, l'initiative de rien, ou resterait *élective* en principe. Donc les puissances absolues quaternaires sont seulement *électives* en principe, et *directives* ou *déterminatives* en application. Directives ou déterminatives en application, elles obtiennent ou recouvrent de fait les deux notes *relatives* d'*âme* et de *corps*, dont nous avons dû provisoirement faire abstraction pour pouvoir les considérer comme *absolues*. Absolument et relativement envisagées dès ce moment tout à la fois, elles sont figurables par l'équation $1 = \frac{2}{1} \times$

$\frac{1}{2} = \frac{2}{2}$. Leur extension et leur intensité d'alors, représentées par les facteurs $\frac{2}{1}$ et $\frac{1}{2}$, sont évidemment, d'après ce qui précède, d'origine divine, et tiennent à l'introduction des personnalités *quaternaires* dans le concert divin ; sortant, par hypothèse, de ce concert, elles doivent perdre du même coup leur extension ou leur intensité *réelles* ou *subjectives*, mais rien n'exige qu'elles soient simultanément dépouillées de leur extension ou de leur intensité seulement *objectives*, *imaginaires*; et c'est ainsi qu'elles peuvent descendre, en l'*âme*, à l'état de *machine*, et dans le *corps*, à l'état de *cadavre* ou de *poussière*. Au contraire, restant et confirmées dans le concert divin, elles vivent d'une vie propre, ayant *deux* siéges *relatifs* et *un absolu*. Les deux siéges relatifs en sont l'*âme* et le *corps*, ou l'*extension* et l'*intensité*, marqués par les deux facteurs de l'équation précédente. Réellement vivants, ces deux facteurs s'impliquent toujours, et si l'un fonctionne comme *positif-négatif*, l'autre fonctionne inversement comme *négatif-positif*. Comparons-les alors à deux cônes réunis bout à bout par leur sommet : ce sommet, vraiment *un* en lui-même, sera pour lors le siége de l'*Absolu* chez lequel les deux actions *relatives*, intimement réunies, sont comme simultanément imaginarisées en l'état complet d'équilibre d'où, seul, il les peut retirer par élection. Ce sommet n'est point, maintenant, dans le système *nerveux*, siége d'activité principalement *subjective*, ni dans le système *alimentaire*, siége d'activité principalement *objective* ; donc il est dans le système *vasculaire*, théâtre particulier d'activité *neutre* ou *spirituelle* ; et par conséquent le lieu de l'âme absolue, personnelle, est le *cœur*[1], seul vrai grand moteur ou promoteur de toutes les fonctions vitales par le sang, qu'il distribue partout, et dont il accélère ou retarde et règle par là même à son gré le cours, en raison des *idées* ou des *passions* sous l'influence desquelles il se trouve placé le premier par *élection* propre mais souveraine.

[1] *Dominus intuetur cor.* I Reg., XVI, 7. Il semblerait au contraire que l'*ange* regarde de préférence au *visage* et l'*homme* à la *parole*.

14. La puissance *quaternaire*, étant originairement aussi réduite que nous l'avons dit, n'est point appelée (comme dans les théories modernes de la démocratie triomphante) à poser de suite la main sur tous les termes d'un degré quelconque jusqu'aux plus élevés, mais seulement à prendre un rang défini parmi les termes mêmes de son ordre, au nombre desquels elle se trouve *indéfiniment* comprise déjà. Sous ce rapport, $1°$ peut prendre place au rang des termes 1^1 ; et, de même, $1^1 \times 1°$ pourrait, à son tour, prendre place au rang des termes 1^2; etc. La transition d'une *espèce* de mouvement à l'autre devant naturellement s'opérer suivant la même loi, nul être n'est doué d'aucun mouvement spécial sans être animé déjà du mouvement ou des mouvements inférieurs impliqués par ce dernier ; et comme le mouvement *hyperbolique* est, dans cet ordre d'exercice, le moindre de tous, il suit de là que, soit temporellement, soit rationnellement, sinon imaginairement, toute force du second ordre débute au moins par le mouvement *hyperbolique*, avant d'apparaître *parabolique*, *elliptique* ou *circulaire*. En cela,

cependant, le degré moindre d'où l'on est censé monter au supérieur, est seulement un *précédent* du supérieur qui le suit, et non un *principe*. L'homme débute ainsi naturellement par le mouvement *hyperbolique*.

Nous savons déjà que, comme on passe du *cube* ou de la *sphère* au *plan* par l'*orientation* (§ 6), on passe du *plan* à la *ligne* par la rectification (§ 7). Les deux composantes donnant la *ligne* sont comme le cosinus et le sinus immobilisés, engendrant une résultante égale à la racine carrée de la somme de leurs carrés. Il n'est point, malgré cela, nécessaire que les deux composantes soient toujours *rectangulaires*; car elles peuvent être aussi bien *obliques* ou même *parallèles*, pourvu qu'elles soient, en ce dernier cas, contraires. L'essentiel est, pour le début du mouvement *hyperbolique*, d'avoir les deux forces composantes originairement constituées en repos apparent, mais sortant brusquement de ce repos à l'occasion de n'importe quel accident, pour émettre immédiatement un mouvement linéaire intensif d'un degré quelconque. Intensivement appliquée, la force *absolue-relative* actuelle est essentiellement *temporelle*, mais de plus elle agit *hyperboliquement*. Représentons-la par Σ. Son effet en un temps fini quelconque étant représenté par σ, si nous prenons le rapport de sa différentielle $d\sigma$ à la différentielle du temps dt, nous aurons la proportion $d\sigma : \Sigma - \sigma :: dt : 1$, d'où il vient $d\sigma = (\Sigma - \sigma)\,dt$, et par suite $\sigma = \Sigma(1 - e^{-t})$. Soit, en raison de la loi régulatrice du mouvement hyperbolique, la série des actes consécutifs de représentation sensible, successivement égale, pour les temps finis 1, 2, 3,... aux ordonnées MP, $m'\,p'$, $m''\,p''$,... (*fig.* 3); l'attention toujours concentrée sur le terme objectif de la force passe alors de M à m', m'',... comme il est marqué sur la figure, et décrit ainsi la courbe continue M $m'\,m''$..., dont l'asymptote est la ligne décrite PZ.

L'initiale intensité de la force Σ pouvant être quelconque en raison de la diversité des causes excitantes externes, tous les mouvements *hyperboliques* conservant la même allure ne sont point, cependant, égaux entre eux. En admettant que les causes excitatrices varient *paraboliquement* d'une manière régressive ou progressive, à l'instar de la trajectoire d'un mobile obliquement lancé dans l'atmosphère, on peut voir une image des diverses phases des mouvements *hyperboliques* et du mouvement *parabolique* actuels, en la *fig. 4*.

On expliquerait de la même manière comment une pluralité de mouvements *paraboliques* se rattache à tout cas possible de mouvement *elliptique*, et encore comment une pluralité de mouvements *elliptiques* se coordonne en un même mouvement *circulaire* plus général.

15. Ces éléments de psychologie mathématique sont bien bornés ; nous pourrions les étendre davantage en plusieurs points, mais non en tous ; et pour ne point donner alors irrégulièrement aux uns plus d'extension qu'aux autres, nous nous en tiendrons là pour le moment, mais non sans faire remarquer combien de questions ardues et généralement tenues pour insolubles nous avons pu résoudre incidemment, non-seulement avec facilité, mais encore sans erreur possible. On croit la science un travail d'Hercule: elle ne l'est point réellement ; il s'agit seulement

d'en avoir la clef ou d'en posséder les premiers principes. Dans l'avant-propos du N° 1 (1re série), nous avons dit que les mathématiciens ont le tort (si c'en est un) de vouloir, pour être complets, sacrifier la profondeur à la largeur des idées. Sans doute, ils traitent pertinemment en général avec grand fruit tous les problèmes de calculs astronomiques, physiques, etc.; mais, avant de se mettre à l'œuvre, il n'ont pas le moindre souci d'approfondir le sens intrinsèque ou métaphysique des termes qu'ils emploient ; et, tandis qu'ils procèdent de cette manière, on peut dire en toute vérité qu'ils font du connu avec de l'inconnu. Pour eux, les *faits* éclatent d'évidence, mais le ressort des *idées* reste profondément ténébreux ; ils travaillent dans l'ombre, c'est-à-dire, ils restent à la surface des choses ; et de là vient que toutes les sciences naturelles apparaissent imparfaites, provisoires et révisables. L'idée d'équation, par exemple, est loin d'être suffisamment connue quand on conçoit seulement cet acte de l'esprit comme embrassant deux membres équivalents, dont l'un est, après réduction convenable, un simple terme *absolu* contre-balancé dans l'autre par un ensemble de termes *relatifs* différemment amalgamés. Qu'est-ce qu'un terme absolu ? Que sont des termes relatifs ? Et comment des termes, respectivement l'un absolu, les autres relatifs, s'agencent-ils dans le temps, suivant qu'on place en raison ou de fait l'absolu avant les relatifs, ou les relatifs avant l'absolu ? Ces sortes de questions semblent oiseuses aux mathématiciens ; mais comme, en définitive elles ne sont rien moins que la charpente même (pour ainsi dire) de l'esprit, leur indétermination permanente est cause que les plus savants entre les savants finissent par avouer que, plus on sait, plus on se trouve ignorant.

FIN.

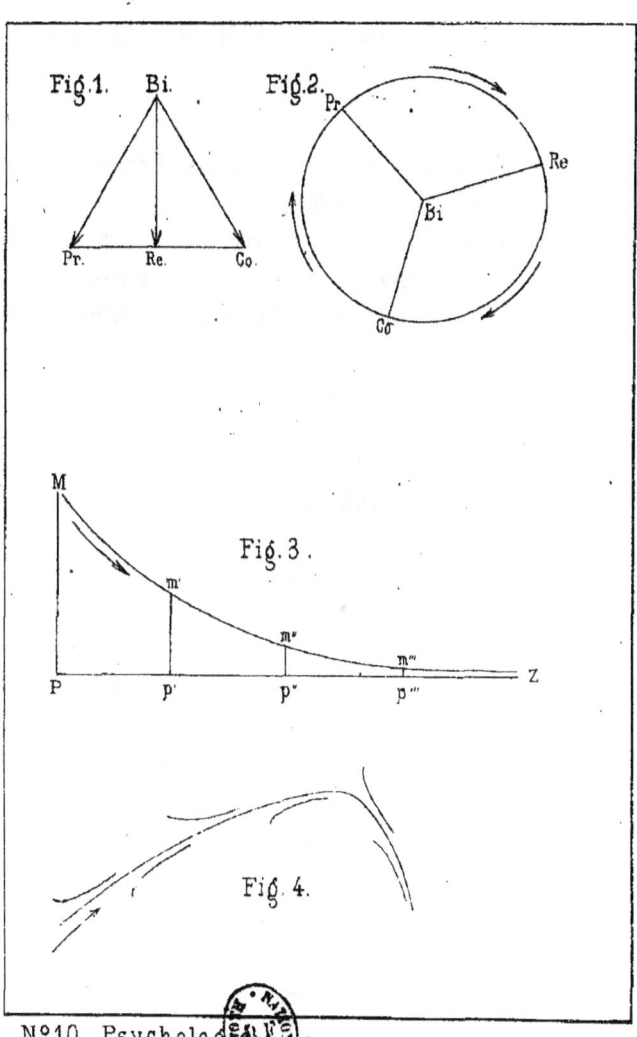

TABLE DES MATIÈRES

Avant-Propos (Exposition sommaire du système Herbartien).......................... ss
Définition de la psychologie mathématique et sa division en *théorique* et *pratique*..... 1
Distinction des trois mondes *spirituel, intellectuel* et *sensible*.......................... 2
Monde *spirituel*........................... 3
Monde *intellectuel*....................... 6
Monde sensible............................ 7
Rapports fondamentaux entre le *subjectif* et l'*objectif*................................ 8
Rapports fondamentaux des Êtres *absolus-relatifs* des trois ordres spirituel, intellectuel et sensible................................... 9
Formules applicables aux Êtres d'ordre *spirituel*...................................... 10
Formules applicables aux Êtres d'ordre intellectuel................................... 11
Application des dernières formules aux Êtres d'ordre sensible........................... 14
Conclusion................................. 15

Fin de la Table.

www.ingramcontent.com/pod-product-compliance
Lightning Source LLC
Chambersburg PA
CBHW070302100426
42743CB00011B/2309